Structured Adolescent Psychotherapy

청소년 집단치료

구조화된 기법중심으로

Billie Farmer Corder 저
김진숙 역

학지사

Structured Adolescent Psychotherapy Groups
by Billie Farmer Corder

추천사

이 책은 청소년들의 다양한 문제점을 해결하는 데 풍부한 경험을 쌓은 임상전문가가 썼으며 명쾌한 모델을 제시하고 있다는 점에서 청소년들을 위해 일하는 정신보건 분야 전문인들에게 매우 유용한 안내서가 되리라 생각한다.

이 책의 핵심은 치료사의 강력한 역할을 구체적으로 소개하고 있다는 점이다. 그래서 청소년들을 대상으로 일하는 전문인들에게 소중한 자료가 될 것이다. 청소년을 위한 치료 목표를 달성하기 위하여 필요로 하는 인지, 정서, 사회성 기술과 집단과정의 구조화 등 복합적인 차원의 내용과 방법들을 통합하여 간단명료하게 기술하고 있다는 점이 돋보인다.

Cynthia R. Pfeffer, M. D.
코넬 의학대학 정신의학과 교수 및 과장
뉴욕 병원 웨체스터 분원 소아정신폐쇄병동장

저자 서문

이 책은 지난 28년 동안 청소년들을 위한 주립 정신병원, 소년 감호시설 및 재판소, 정신건강센터, 그룹홈, 외래환자 진료소 그리고 개인 치료실에서 집단치료를 해 온 저자의 임상 작업과 연구의 결과물이다. 이 책에서는 집단치료 과정을 구조화하기 위하여 동료들과 함께 직접 개발했던 방법들이 중심을 이루고 있는데, 이러한 방법들은 다양한 치료 환경의 청소년들을 효율적으로 도울 수 있었다. 이 책에서 소개하는 접근 방법들은 청소년 집단심리치료의 치료적 요인들에 관한 우리의 연구를 포함하고 있다는 것을 밝힌다.

공동치료 관계를 기능적으로 수행하기 위해서는 어떤 집단치료에서든 관리상의 세부 사항과 그에 대한 계획을 짜는 것이 매우 중요하다. 여기에 치료를 위한 계약, 법률적으로 고려해야 할 사항 그리고 부모와 대리양육자들과의 연락 업무들이 포함되어야 한다. 제12장에서는 짧은 시간 내에 도움을 주어야 하는 성적으로 학대받은 어린 청소년들을 위한 집단치료를 구조화하는 기법들과 절차에 대하여 언급한다. 이것은 고도로 구조화된 집단치료적인 접근의 예로서 어린 희생자들이 가지고 있을 수 있는 특별한 문제들을 다루기 위하여 포함시켰다.

Billie Farmer Corder

차 례

1 청소년 집단치료에 대한 이론적인 접근

다양한 형식으로 진행되는 모든 집단치료가 특히 청소년들에게 도움이 되는 것은 집단치료가 가지는 역동성과 관계가 있다. 그것은 청소년들의 주된 활동이 관계성에 뿌리를 두고 있기 때문이다. 집단치료가 청소년들의 긍정적인 또래관계와 대인관계 발달을 위한 기회를 제공한다는 것이 그 예가 될 수 있다. 또한 집단치료 환경에서의 치료사의 양육적인 울타리는 안전감을 제공하고 부모의 권위로부터 독립하려는 청소년들의 노력을 지원하는 역할을 한다. 게다가 집단치료는 청소년의 정체성 문제, 인생의 목표 그리고 다른 사람들과의 관계와 관련하여 구성원 간에 피드백을 주고받기 위한 안전한 환경을 제공한다.

이 책의 목적은 청소년 집단치료를 계획하고 지도하는 실제적인 전략들을 설명하여 청소년 집단치료 경험이 부족한 초보자들이 청소년 집단치료의 여러 이론적인 접근들에 관한 기초적인 가정들을 이해하는 데 도움이 되도록 하는 것이다. 이 장에서는 몇 가지 적절한 이론적인 관점들을 요약하고 있다.

정체성 혼란을 겪고 있는 청소년에 대한 정신분석학적 집단치료

Rachman(1975)은 청소년문제가 극심한 정체성 혼란과의 투쟁에서 실패한 것에서 비롯된다고 보고 있다. 문제를 겪고 있는 청소년들은 친밀감, 심리적 연속성 그리고 '나'라는 자기 정체감을 갖기 위하여 자신의 능력을 개발하는 데 필요한 기술이 부족하다. 청소년 집단치료에서는 동료 간에 긍정적인 동일시를 할 수 있는 기회를 제공해 정체성 문제를 다룬다. 집단치료를 통하여 집단구성원들은 그들의 정체성 갈등에 대해 탐색하고 해석하며 통찰력을 개발하는 방법을 배울 수 있다. 감정의 전이과정은 개인적인 치료에서 성인 치료사의 권위를 거부하는 것으로 나타날 수 있다(자신의 과거에서 중요했던 다른 사람들과의 관계에 대한 상황들을 치료사나 집단구성원들의 탓으로 돌리면서). 그러나 집단치료 내에서는 이 과정이 집단구성원들과의 긍정적인 동일시를 통해 희석된다.

집단구성원들은 치료사들의 역할을 모방하면서 각자 저변에 깔려 있는 느낌 차원의 자료들을 탐구하고, 집단치료에서 드러나는 언어나 행동 차원의 자료들을 해석하는 것을 배우게 된다. 이렇게

함으로써 무의식적인 동기유발과 갈등에 대한 통찰을 할 수 있도록 인도될 수 있다. 분석가 또는 치료사는 집단이 해석들을 받아들이는 것을 도우며, 치료사와 집단 사이에 긍정적인 감정 전이가 일어나도록 시도한다. 그리고 집단치료에서는 청소년의 정체성 문제들을 공감하고 다루는 데 초점을 둔 어떤 범위의 심리사회적 행동들과 반응들을 엄밀히 시험하도록 허용한다.

Chess와 Hassibi(1978)는 대부분의 치료적인 접근방법들의 과정에 관하여 서술하면서 다음과 같은 요소들이 있다고 했다. 즉, (a) 얽혀 있는 문제들을 풀어서 서술하고, (b) 관찰과 언어적 상호작용을 통해 부적응적인 패턴을 살피며, (c) 직면, 명료화, 해석을 하고, (d) 적절한 방법으로 통찰력을 획득하며, (e) 대안이 되는 상호작용의 전략들을 제시한다. 이러한 요소들에 대한 강조의 정도에 따라 치료적인 접근방법들은 달라진다. 정체성을 확립하기 위한 정신분석학적 집단치료에서는 명료화, 해석 그리고 통찰을 강조하고 있다. 이에 비하여 다른 집단치료에서는 부적응적인 행동 패턴과 대안이 되는 상호작용 전략들에 대한 검토에 초점을 두는 경향이 있다.

사회성 기술 개발 및 다른 특수 집단치료

구조화된 사회기술 발달을 위한 집단치료의 과정과 활동에 대하여

통찰력을 증진시키기 위해 높은 수준의 언어적 기능과 인식체제를 요구하는 정신분석 위주의 집단치료와는 반대로, 사회기술 발달을 위한 집단치료는 매우 구체적일 수 있으며 분노 통제와 같은 특정 행동들에 대한 훈련에 초점을 두고 있다(Feindler & Ecton, 1988). 다른 사회기술 훈련 프로그램들은 더 넓은 범위의 행동들과 사회적 기능을 언급할 수 있지만 대부분은 전형적으로 교훈적인 훈련, 모델링, 리허설, 강화, 피드백 등과 같은 방법을 채택한다(Wilkinson & Canter, 1982).

우리는 사회기술 발달을 목적으로 하는 집단치료 프로그램을 포함하여 많은 구조화된 청소년 집단치료 접근방법들을 개발하여 왔다(Corder et al., 1979). 우리의 접근들은 혼란스럽고 무질서한 환경에서 적절한 지원을 받지 못하여 사회성과 충동 통제가 부족한 청소년들을 돕기 위한 치료적인 목적으로 개발된다(Naylor & Corder, 1976). 이러한 접근에서 외래 환자와 병원 세팅에서 실시된 프로그램의 목표들은 (a) 사회성을 증진시키는 재교육적인 경험들을 제공하고, (b) 행동수정 점수체계로 받아들일 수 있는 행동들을 강화하며, (c) 감정들을 언어로 적절히 표현하는 훈련을 하고, (d) 각자의 행동에 대해 구성원 간에 피드백을 주고받는 훈련과 기회를 제공하며, (e) 적절한 구성원들과의 관계와 상호작용을 발달시키기 위한 학습의 기회를 준비하는 것이다.

집단 내에서 사용된 많은 활동들은 치료적인 게임 형식이었다. 예를 들면, '성공과 실패 행동 게임(Successful and Unsuccessful Behavior Game)' 은 일상의 사회적인 문제들에 대해 대화하고 그것을 해결하는 것과 관련된 각각의 기본적인 단계의 훈련과 교훈적인 토론이 포함된다. 집단구성원들은 카드 더미에서 순서대로 카드를 선택한다. 그 카드에는 좋은 대화, 문제 요소들의 적절한 표현 그리고 도움을 구하기 위해 다른 사람들에게 타협을 암시하거나 설득하는 능력을 요구하는 여러 단순한 상호작용들이 묘사되어 있다. 집단구성원들은 성공적이거나 실패적인 시나리오에서 순서대로 각자의 역할을 연기하는데, 그 시나리오에는 문제를 해결하는 기초적인 단계에서의 추가적인 훈련이 뒤따른다. 각 시나리오의 역할을 경험한 다음, 집단구성원들은 좋은 문제해결의 기초적인 단계를 따른 역할 연기자(role-player)의 능력에 대해 토론한다.

'예절 올림픽 게임(Etiquette Olympics Game)' 은 일련의 적절한 사회적 행동들(예: 식탁 예절, 소개 등)이 촬영된 비디오가 자료로 활용된다. 어떤 상황에서 요구되는 행동들을 다루기 쉬운 단계들로 분류하고 토론한 후에 집단구성원들은 그러한 행동에 대해 순서대로 역할 연기를 한다. 집단구성원들은 상황에 대한 '올림픽 점수' 를 주기 위하여 1에서 10까지 표시된 커다란 카드를 드는 방식으로 그 임무 수행에 대해 점수를 준다. 5점 이하의 낮은 점수는 반복과 훈련을 요구한다.

'짝을 고르는 게임(Picking a Partner Game)' 은 (a) 우정을 정의하고, (b) 두 사람 사이의 관계를 구성하는 요인들을 확인하며, (c) 우정으로 발달할 수 있는 긍정적인 상호관계를 발전시키는 기술들을 사용하여 다른 사람에게 접근하는 것을 연습하면서 집단구성원들을 돕는 데 중점을 둔다. 이 게임은 보드게임을 사용하는 장면을 비디오로 촬영하여 분석하는 것과 역할극(role-play)의 기본적인 상호작용에 대하여 토론하는 것으로 진행된다. 토론에는 다음과 같은 질문들이 포함된다. 누군가가 활동에 참여하기를 원한다는 것을 어떻게 알아낼 수 있는가? 사람들이 어떤 종류의 눈 맞춤과 신체 언어로 당신이 그들에게 접근해도 되는지를 보여 준다고 생각하는가? 낯선 사람과 어떻게 대화를 시작하는가? 집단은 때로 피드백을 유도하기 위하여 구성원들의 역할극 장면을 촬영한 비디오테이프를 사용할 수 있다.

'가족 대본쓰기 게임(Family Script Game)' 은 각 참석자에게 '제일 힘든 상황' 에 있거나, 또는 '본인이 원하는 것을 가지는 것을 어렵게 만드는' 가족구성원에 대해 노트에 기록해 보게 한다. 또한 참석자들은 가족구성원을 위해 이런 어려움들을 유발하는 행동들을 확인해야 한다. 그 노트는 집단구성원에게 '가족의 대본' 에 따라 '문제해결의 실패' 를 나타내는 자신의 행동들을 검토하도록 요구한다. 표면에 떠오르는 주제들은 뒤따르는 연습을 하기 위한 학습 자료가 된다.

이상의 게임과 연습들은 참석자들을 치료에 끌어넣기 위하여 우리가 사용하는 전략들을 예로 설명한 것이다. 이러한 기법들은 재미있으며, 비위협적인 동료와의 상호작용과 기초적인 사회적 의사소통 기술 발달을 위하여 긍정적인 기회들을 제공하는 것으로 보인다. 우리는 이러한 기법들이 제한적인 언어와 인식 체계 기능을 가진 청소년들에게 효과가 있음을 알게 되었다.

통찰의 목표에 한계가 있는 절충적인 구조화 집단치료들

이 책의 제9장에서는 구조화된 청소년 집단치료의 접근방법을 자세하게 소개하고 있다. 이러한 작업을 바탕으로 우리는 주어진 시간적인 한계 속에서 특정한 기술을 개발하는 훈련과, 제한된 통찰을 위한 목표들을 병행하기 위해 필요로 하는 최적의 참여도와 동료 간의 피드백을 위해서는 집단치료에서 상호작용을 구조화하는 기술이 필요하다는 점을 알게 되었다. 이 피드백은 행동 양식에 대한 통찰력을 발달시키는 데 목적을 둔다. 더욱이 효과적인 문제해결을 위해 특정한 '숙달된 행동들' 을 훈습시키고 모델링하는 것에 초점을 둔다. 이와 같은 형태의 청소년 집단치료에서 사용된 방법들로는 (a) 집단의 기능들을 위한 '역할들' (예: 책임 규칙 시행자, 요약하는 자, 긍정적인 격려자, 보호자 등) 또는 책임의 무작위 할당, (b) 문제해결을 연습하기 위한 치료적인 게임의 사용, (c) 청소년이 시도하고자 하는 행동과 생활양식 변화를 요약한 개인의 '목표 달성 지침서(goal books)' 개발 등이 있다. 집단구성원 각자의 목표를 향한 발달 상황에 대해 '동료의 채점' 은 물론 특정한 연습과 과제가 이 지침서에 기록된다. 그 밖에 집단치료에서 사용되는 다양한 형태의 기술로는 협상과 긍정적인 주장 연습 바이오피드백(biofeedback)과 긴장완화 연습, 자아개념 증진 연습 그리고 '부모의 뜨거운 의자(Parent Hot Seat)' (제9장 참고) 형식을 통한 집단 상호작용 등이 있다.

다양한 집단치료 접근의 장단점

〈표 1-1〉은 청소년들과 함께하는 작업을 위해 흔히 사용되는 세 가지 형태의 집단치료들을 보여 주고 있다. 각각의 집단치료 형태는 치료 목적에 따른 특정한 유형의 클라이언트에게 유용하게 사용될 수 있다. 각 집단치료 형태에는 치료사가 고려해야 할 이점과 제한점도 있으므로 유의해서 사용해야 한다.

높은 수준의 언어적 기술, 인식 기능 그리고 장기간 치료를 위한 자원과 함께 동기 수준들, 해석과 인격의 재구성을 강조하는 통찰 지향적인 집단치료 접근들이 치료적으로 선택될 수 있는 가능성이 있는 것 같다. 이러한 연장선에서 다른 한편으로는 제한적인 언어적, 사회적, 인식적 기술을 가진 청소년들을 위하여 아주 단기간의 치료가 필요할 때, 앞서 설명한 사회기술들과 유사한 확인된 문제들에 대해 매우 특정적이고 구조화된 접근이 고려되어야 한다. 제9장에서 설명할 통찰력 획득의 한계는 구조화된 집단치료에서 참여도와 기능 수준의 중간에 위치한다고 하겠다. 집단치료 역할과 기능의 '자연적인' 발달을 위한 시간 제한이 없다면, 집단치료 역할과 기능의 분배는 대개 치료 경험을 촉진하고 피드백을 조장한다.

청소년 집단치료에서의 치료 요인들

치료사의 이론적인 접근과 관계없이 어떤 집단치료의 기초적인 개념들은 어떠한 청소년들과의 집단치료 작업에서도 적절한 것 같다. 치료사의 집단치료 개입기술의 효능에 대한 적합성 외에도, 청

〈표 1-1〉 청소년 집단치료의 구조와 목표들

구조화	낮음 ⟷		높음
종류	• 정신분석 위주의 정체성 집단치료	• 절충적인 구조화 집단치료	• 사회기술 훈련 집단치료
초점	• 통찰력 • 긍정적인 동료의 정체성	• 제한된 통찰력 • 향상된 역할 기능 • 향상된 문제해결 기술	• 특정한 행동 기술의 개발 • 향상된 문제해결 기술
최적의 고객	• 동기부여 • 더 높은 수준의 언어적, 인식적 기술	• 치료 목적에 따른 어느 한 부분 형태	• 정체성 문제 • 제한된 언어적, 인식적, 사회적 기술
시간 구성	• 더 오랜 기간	• 시간 제한	• 회기 수 설정
작업들의 예	• 감정전이 사용 • 해석 • 치료사 모델링 • 새로운 행동들의 시연	• 제한된 통찰력에 목적을 둔 동료 피드백 • 역할과 책임 할당 • 문제해결의 연습 • 목표 설정	• 교훈적인 훈련 모델링 • 행동 시연 • 보강 • 구조화된 피드백 연습

소년은 그들이 집단치료에 열의를 갖고 참여한다면 집단치료 과정이 그들에게 도움이 된다는 것을 인식해야 한다. 집단치료는 입원하여 치료받는 환경에서조차 초기의 참여 시도 후에 저항하는 환자들에게 강요되지 않고 있지만, 청소년들이 특정한 치료 방식을 거절하는 경우 어떤 특권을 포기해야 하는 방식으로 진행되어야 할 것이다.

이전에 나의 동료들(Corder, Whiteside, & Haizlip)과 했던 연구에서 우리들은 청소년에게 긍정적인 변화들을 증진하는 것으로 알려진 집단치료 조건들과 경험들을 조사하였다. Yalom(1970)의 연구는 집단치료에서의 일련의 체계들과 조건들에 대한 설명을 이끌어 냈고, 치료요인이라고 명명되는 것들은 긍정적인 행동으로 변화시키는 것으로 인식된다. 이러한 조건들과 집단치료 과정들은 이타심, 집단의 응집력, 보편성, 정보 전달, 정체성, 카타르시스, 통찰력, 대인관계를 통한 학습(input과 output), 가족관계의 재현을 통한 재학습, 실존적인 요소 등으로 설명되었다. 이전의 집단치료 연구가 성인에게 집중되어 있었고, 청소년의 정신치료 목표와 기술들은 성인의 정신치료와는 다르기 때문에(Corder, Whiteside, & Vogel, 1977; Sugar, 1975), 우리는 집단정신치료에서 청소년과 성인의 치료 요인들의 인식 차이를 조사하였다.

우리는 네 개의 다른 치료 환경 안에서 평균 9개월에서 1년 동안 집단치료에 참가한 청소년을 조사하였다. 일반적으로 집단치료의 목표는 (a) 집단구성원과의 활동과 행동의 통찰력 발달을 통해서 자신의 행동에 통합된 조절의 궤도를 향한 작업, (b) 사회적인 지식과 동료와의 상호작용을 위한 기회의 제공을 포함하였다.

카드를 분류하는 작업을 하면서 청소년 환자들에게 Yalom이 말한 치료 요인들의 유용함에 대해 설명하도록 하였다. 뒤이어 그 결과들을 확인하기 위한 면접을 실시하였다. 〈표 1-2〉에서는 적어도 환자들의 25%가 '가장 도움이 됨' 또는 '매우 도움이 됨' 을 선택한 것을 볼 수 있다.

〈표 1-3〉에서는 집단치료가 청소년들에게 적어도 도움이 되는 것으로 나타났는데, '덜 도움이 됨' 과 '최소로 도움이 됨' 등급에서 25%의 환자가 선택한 모든 항목을 포함한다. 우리는 약간의 두드러지는 차이점과 함께 청소년이 성인과 유사한 인식의 양상을 보여 준다는 것을 확인할 수 있었다. 청소년들에게 가장 도움이 되는 것으로 작성된 네 개의 동일한 항목들 또는 치료 요인들은 성인 집단에서 가장 높게 평가된 다섯 개의 항목들과 동일하였다(카타르시스부터 대인관계를 통한 학습 그리고 실존적인 요소).

청소년과 성인 집단의 차이점은 성인집단에서 상위에 오른 '나 자신이 이전에 몰랐던 또는 받아들일 수 없었던 부분들을 발견하고 받아들이는 것' 과 같은 통찰력 범주에서 나타난다.

청소년 집단은 집단구성원 사이의 상호관계의 중요함을 강조하는 것과 마찬가지로 집단 응집력의 중요성과 보편성의 감정을 설명하는 항목들에 가장 높은 등급을 주는 경향이 있었다. 이 조사 결과는 R. Shapiro 등의(1975)의 개념을 지지하는 것 같다. 그는 정체성 형성에서 청소년의 발달 과제와 집단구성원 사이의 대화에서 발생하는 자아 인식의 탐구와 발달을 위한 기회 사이의 관계를 강

〈표 1-2〉 청소년들이 가장 도움이 된다고 선택한 요인들

범주	선택(%)	요인의 설명
카타르시스	44%	억제하는 대신에 나를 괴롭히고 있는 것을 말할 수 있음.
카타르시스	38%	내 감정들을 표현하는 방법을 배움.
실존적 요소	38%	내가 다른 사람들에게 많은 지도와 지지를 받는다 할지라도 나의 인생을 사는 방법에 대해 궁극적인 책임을 져야 한다는 것을 배움.
대인관계를 통한 학습 (input)	38%	다른 구성원들이 나에 대해 생각하는 것을 솔직하게 나에게 말함.
가족의 재연출	31%	어떤 면에서 집단에 있는 것은 대가족에 있는 것 같았고, 이때만이 더욱 수용하고 이해하는 가족임.
집단 응집력	25%	내가 나를 이해하고 받아들이는 사람들의 집단에 속함.
대인관계를 통한 학습 (output)	25%	집단치료가 나에게 다른 사람에게 말을 거는 방법을 배우는 기회를 주고 있음.
보편성	25%	나 혼자만 특별하게 힘들지 않았다는 점을 알게 됨.
이타심	25%	다른 사람들을 돕는 것과 그들의 생활 속에서 중요하게 됨.

〈표 1-3〉 청소년들이 덜 도움이 된다고 선택한 요인들

범주	선택(%)	요인의 설명
통찰력	60%	내가 나의 인생의 더 이른 시기에 속하는 감정으로 어떤 사람 또는 상황에 대해 비현실적으로 반응하는 것을 배움.
카타르시스	40%	집단의 치료사를 향하여 부정적인 또는 긍정적인 감정을 표현함.
정체성	33%	집단 안에서 내가 본받을 수 있는 누군가를 찾음.
대인관계를 통한 학습 (input)	27%	내가 실제로 생각하는 것을 말하지 않음으로써 때때로 내가 사람들을 혼란시킨다는 것을 배움.
지도	27%	집단구성원들이 무엇을 할지 나에게 말함.
정체성	27%	나보다 더 잘 적응하는 집단 안의 누군가처럼 되기 위하여 노력함.
통찰력	27%	내가 느끼고 행동하는 방법이 나의 어린 시절과 성장에 관계가 있다는 것을 배움.
실존적 요소들	27%	내가 다른 사람들과 아무리 가까이 있다 할지라도 여전히 나는 홀로 인생을 직면해야 한다는 것을 인식함.

조하였다.

청소년 집단치료를 위한 목표 설정 및 기법 선택의 지침으로 이 결과를 사용하는 것은 청소년 집단치료의 목표를 설명하는 문헌에

서 기존의 집단치료 내용을 재검토하는 데 도움이 될 것이다. Berkowitz와 Sugar(1975)는 청소년 집단치료 구성원 자격을 위해 다음의 목표와 의도를 기술하였다.

1. 동료들로부터 협력과 경쟁을 지지하는 것
2. 축소된 실제 생활 상황을 제공하는 것
3. 인간관계에서의 새로운 기술들을 발전시키고 상황을 다루는 새로운 방식을 자극하는 것
4. 자아의 새로운 개념들과 동일시의 새로운 모델들을 자극하는 것
5. 소외감을 덜 느끼는 것
6. 변화들을 겪는 동안 성인 세계로부터 보호받는 느낌을 준비하는 것
7. 치료와 결속으로 계속되는 자아 검증을 유지하도록 돕는 것
8. 지도자와 함께 독립과 동일시를 조장하는 반항과 복종의 동요들을 허락하는 것
9. 개인치료에서 드러내지 않은 관계의 문제를 집단에서 드러내는 것

우리의 연구는 청소년들이 위의 목표 1, 3, 5에서 설명된 경험들을 가장 높게 평가하는 경향이 있는 것으로 나타났다. 환자들이 인간관계 피드백(input과 output 양쪽 모두)에 두었던 중요성은 동료의 피드백과 감정들의 표현을 통해 증가된 기회를 보장하는 기술들이

청소년의 집단치료에 대한 긍정적인 인식을 높일 수 있다는 것을 의미한다.

이 책에서 강조하는 구조화된 청소년 집단치료 접근은 집단치료 과정을 통하여 발달하는 치료 요인을 경험하기 위한 기회를 최적화하는 데 목적이 있다.

참고문헌

Berkowitz, I., & Sugar, M. (1975). Indications and contraindications for adolescent group psychotherapy. In M. Sugar (Ed.), *The Adolescent in Group and Family Therapy* (pp. 3–26). New York: Brunner/Mazel.

Chess, S., & Hassibi, M. (1978). *Principles and Practice of Child Psychiatry*. New York: Plenum.

Corder, B. F., Whiteside, R., & Haizlip, T. (1980). A study of curative factors in group Psychotherapy with adolescents. *International Journal of Group Psychotherapy, 31,* 341–354.

Corder, B. F., Whiteside, R., & Thortopn, W., & Wall, S. (1979). Structured social skills learning activities utilized by inexperienced therapists to supplement adolescent therapy groups. *North Carolina Journal of Mental Health, 10,* 19–23.

Corder, B. F., Whiteside, R., & Vogel, M. (1977). A therapeutic game for structuring and facilitating group psychotherapy with adolescents. *Adolescence, 47,* 261–286.

Feindler, E., & Ecton, R. (1988). *Adolescent Anger Control*. New

York: Pergamon.

Naylor, K., & Corder, B. F. (1976). Evaluation of adolescent treatment needs and assessment of service deficiencies in treatment and follow-up of hospitalized adolescents. *North Carolina Journal of Mental Health, 4,* 51–62.

Rachman, A. (1975). *Identity Group Psychotherapy with Adolescents.* Springfield, IL: Charles C. Thomas.

Shapiro, R., Zinner, J., Berkowitz, D., & Shapiro, E. (1975). The impact of group experiences on adolescent development. In M. Sugar (Ed.), *The Adolescent in Group and Family Therapy* (pp. 69–86). New York: Brunner/Mazel.

Sugar, M. (Ed.) (1975). *The Adolescent in Group and Family Therapy.* New York: Brunner/Mazel.

Wilkinson J., & Canter, S. (1982). *A Social Skills Training Manual.* New York: John Wiley & Sons.

Yalom, E. (1970). *The Theory and Practice of Group Psychotherapy.* New York: Basic Books.

2 청소년 집단치료에서 치료사의 역할과 기능

Sugar(1875), MacLennan과 Felsenfeld(1968), Masterson(1968)을 위시한 여러 학자들은 성인과 청소년 집단치료에서 치료사들의 기능에서의 차이를 다음과 같이 요약하였다. 모든 집단치료 과정과 진행 방식에는 (a) 청소년집단 안에서의 행동에 대한 직접적인 해석을 다루면서 올 수 있는 높은 수준의 불안과 불편함, (b) 성인집단은 원가족과의 분리(심리적), 남녀 역할의 확립 등이 이상적으로 마스터되었다고 보지만, 청소년집단에서는 필수적으로 다뤄져야 할 작업 내용으로 초점이 맞춰져야 할 필요성, (c) 청소년에게 기대할 수 있는 자기 분석에 대한 낮은 가능성, (d) 전형적인 청소년들의 주제인 권위적인 인물들과의 갈등을 다루어야 하는 점, (e) 집단 안에서 발생되는 불안을 다루기 위해 청소년들이 집단의 활동에서 과시적인 행동들을 하는 경향 등이 있다는 점을 포함하였다. 이전 연구에서 나와 동료들은 청소년들과의 작업에 특정한 경향이 있는 치료사들의 행동들을 분류하는 것을 시도하였다(Corder, Haizlip, & Walker, 1980). 우리의 조사 결과에서 10년 이상 경험이 많은 집단 치료사들은 일반적으로 청소년 집단치료에서 치료사의 기능인 언어적 행동을 더 많이 보여 주고, 개인적인 경험들을 설명하는 데 더 많이 개방하며, 어떤 구성원의 자기 분석이나 집단 초기에 그룹 과정을 구조화하려는 시도에 대하여 낮은 기대를 보여 주는 것으로 나타났다. 경험이 많은 치료사들은 언어적인 출력이 더욱 직접적이고 빈번하며, 내용의 분석보다는 오히려 구성원들의 언어적인 표현의 명확성에 집중하는 특성이 있다고 느꼈다. 또한 청소년들이 집단 안에서 언어적인 입력을 모델링하고 피드백을 받아들이는 것에 대해 더 많은 책임을 가지는 것으로 보였다. 그들은 청소년 집단치료 과정이 더 높은 수준의 언어적, 신체적 활동이기에 진행 속도가 급속한 것이 특징이라고 설명하였다. 게다가 지속기간은 청소년 집단치료가 성인 집단치료보다 더 짧은 경향이 있으며 예고 없이 갑자기 끝나는 것으로 보았다. 그들은 청소년 집단치료에서 신속한 집단치료 진행과 스트레스와 불안을 다루는 낮은 기술 수준 때문에 적절한 '집단원의 구성' 이 더욱 중요한 문제라고 생각하였다.

경험이 적은 치료사들은 일반적으로 대부분의 청소년들이 집단치료에 스스로 참여하지 않기 때문에 동기부여가 부족하다고 인식하였다. 비밀문제들에 대한 증가된 어려움과 권위적인 인물들을 향한 반대 감정 양립 그리고 부모들과 대리인들에게 피드백을 주는 데에서의 특정한 어려움들이 언급되었다. 또한 그들은 청소년 집단의 제한된 사회적 기술과 불안을 대처하는 능력은 청소년 집단구성원 자격을 위한 부가적인 선택 기준에 필요했다고 느꼈다. 효과적인 치료 계약을 수립하는 어려움과 청소년 집단치료에서 발달적으로 관련되는 주제들에 중점을 두는 것에 대한 어려움이 언급되었다.

다음은 저자와 동료들의 연구에서 경험이 많은 치료사들과 적은 치료사들을 비교하는 질문들이다. 이러한 차이점들을 논의하는 목적은 독자들이 청소년집단과 작업할 때 치료사로서 자신의 유형을 검토하도록 하기 위함이다.

질 문

치료사로서 당신의 역할이 청소년과 성인집단 사이에 어떤 특정한 행동들의 차이가 있다고 봅니까?

경험이 많은 치료사들은 청소년집단에서는 보다 지시적이고 언어적 표현을 더욱 명료하게 하고, 문제해결 모델에 대한 더 많은 기회를 제공하는 것으로 치료사의 역할을 묘사했다. 게다가 구성원의 자기 분석에 대한 치료사의 기대는 낮았다. 일반적으로 그들은 저항적인 청소년들을 다루기 위하여 청소년집단 안에서 더욱 대립하고 있다고 느꼈다.

경험이 적은 치료사들은 언어적으로 더욱 적극적이고, 한계 설정과 높은 활동 수준을 다루는 데 비중을 두었다. 그들은 경험이 더 많은 치료사 집단과는 반대로 청소년집단 안에서 대립이 적은 것으로 인식하였다. 그리고 청소년집단을 위하여 문제의 해결, 사회적으로 받아들일 수 있는 행동을 위한 역할 모델로서의 치료사 기능의 중요성을 강조하는 경향이 있었다.

당신은 청소년에게 어떤 특정한 구조화된 치료기술을 더 규칙적으로 사용합니까?

경험이 적은 치료사들은 청소년과의 치료과정에 대하여 구조화의 필요성을 제시하였지만, 구조화를 준비하기 위하여 주로 역할극 또는 수정된 심리극 기술들에 의존하는 경향이 있었다.

경험이 많은 치료사 역시 청소년 집단이 성인집단보다 더 구조화를 요구하는 것으로 인식하고 있었고, 자주 역할극 또는 수정된 심리극 기술들을 사용하였다. 그러나 그들은 청소년집단에서는 적절한 참여를 위하여 훨씬 더 넓은 범위의 방법들을 사용하는 것 같았다. 여러 치료사들은 초기 회기들에서 사용했던 많은 준비 연습에 대해 언급하였고 회기 중에 유용하다고 알고 있는 여러 개의 치료적인 게임들을 설명하였다. 제9장에서는 저자와 동료들이 효과가 있는 것으로 파악한 구조화된 연습들에 대하여 설명한다.

당신이 집단정신치료에서 청소년들과 치료 계약을 수립할 때 드러나는 독특한 양상들이 있습니까?

경험이 많은 치료사와 적은 치료사 모두 권위에 대한 갈등, 비밀 보장에 대한 걱정 그리고 부모, 학교 등에 대한 피드백의 필요성 때문에 청소년들과의 치료 계약을 수립하는 것이 더욱 어렵다는 것에 동의하였다. 경험이 많은 치료사들은 계약의 이해와 동의를 강화하기 위한 초기의 개인적인 회기들을 계획하는 경향이 있었다. 그들은 치료 목표들을 위한 가능성, 결석에 대한 제한, 집단 참여를 위한 요구 사항들, 청소년들에 의한 개인적 목표 설정 등을 개략하는 데 매우 명확하고 상세하였다. 어떤 치료사들은 청소년들에 의해 선택된 개인적인 치료 목표들과 함께 집단의 목표, 제한 그리고 가능성이 공식적으로 설명된 문서화된 치료 계약서에 부모와 청소년이 서명할 것을 요구하였다.

청소년집단을 다룰 때 치료사로서 당신에게 매우 빈번히 나타나는 문제들은 무엇입니까? 성인집단과 차이점이 있습니까?

경험이 적은 치료사들은 모두 청소년집단에서 성에 관한 관심을 포함하는 유치한 언어들뿐만 아니라 언어적, 신체적 공격을 다루는 것에 대한 관심을 인정하였다. 그들은 성인집단보다 더 제한적인 방법으로 이런 상황들을 다룬다고 언급하였다. 또한 많은 한계를 설정하며 집단에서 일시적으로 제외하는 더 많은 예들을 포함하면서 더 권위적이 되는 경향이 있는 것으로 자신들을 묘사하였다.

대조적으로 경험이 많은 치료사들은 청소년과 성인의 양쪽 집단에서 공격성이나 성적 관심을 다루는 것에 대한 특정한 관심들을 나타내지 않았다. 그들은 단일 집단에서 매우 다른 지적 · 사회적 수준에서 기능하는 청소년을 다루는 어려움에 중점을 두었다. 몇몇 치료사들은 청소년집단이 가장 낮게 기능하고 있는 구성원의 수준으로 떨어지는 경향이 있다고 언급하였다.

당신은 성인과 청소년 집단치료를 위해 구성원들을 선택하는 데 특별히 다른 지침들을 사용합니까? 집단치료를 위해 청소년들에게 금기시된다고 생각하는 특정한 진단과 문제 범주들이 있습니까?

경험이 적은 치료사들은 성인집단보다 청소년집단에서 구성원 자격을 위해 더 엄격한 지침을 수립한다고 언급하였다. 대부분 정신병 또는 정신지체로 진단되거나, 신체적 장애, 심각한 무의식의 표출, 물질에 대한 중독성이 있는 청소년 환자들을 제외할 것이라고 보고하였다. 일반적으로 그들은 구성원의 연령을 제한하여 다루는 경향이 있었다.

그러나 경험이 많은 치료사들은 심각한 정신병을 가진 경우를 제외하고는 성인 또는 청소년 집단치료에서 특정한 진단 범주들을 제외하지 않았다. 일반적으로 그들은 위축된, 무의식의 표출을 하는, 언어적으로 수동적이거나 능동적인 집단치료 참석자들 사이의 균형에 대한 필요성을 설명하면서 특정 집단치료 안에서 '집단구성원의 혼합' 의 중요성에 중점을 두었다. 이런 치료사들은 어떠한 청소년이 지적 또는 사회적 기능 수준이 다른 구성원들에 비해 지나치게 저하된 경우는 집단치료의 진행을 어렵게 하는 경향이 있다고 보았다. 또한 그런 구성원이 따돌림당하는 것을 피하기 위해 치료사의 더 많은 개입이 요구되었다. 어떤 치료사들은 진행 중인 치료 집단에 그들을 포함시키기 전에 기능을 평가해야 한다고 보고하였다.

청소년집단에서 다르게 다루어지는 발달에 대한 평가와 정보의 피드백은 어떻게 합니까?

경험이 적은 집단치료사들과 반대로, 경험이 많은 집단치료사는 집단에 있는 청소년들에 대한 피드백을 위하여 부모와 학교에 더 지속적인 연락을 하는 경향이 있었다. 경험이 적은 치료사들은 피드백을 덜 강조하거나 특정한 피드백 체계들을 개발하지 않았다.

모든 치료사들이 발달의 척도로서 성인과 청소년 집단구성원에 의한 주관적인 보고서를 사용하였지만, 경험이 많은 치료사들은 구조화된 평가 형식과 함께 평가 척도로서 추가적인 외부의 피드백을 요구하는 경향이 있었다.

당신이 청소년집단과 성인집단의 치료를 위해 의식적으로 모델링하는 행동은 무엇입니까?

양쪽의 집단치료사들은 성인집단에서 긍정적인 행동에 대한 모델링의 필요성을 덜 느꼈다. 그러나 청소년집단에서는 감정의 표현, 다른 사람의 수용 그리고 행동에 대한 피드백 주고받기를 모델링하는 것으로 보고되었다.

당신은 청소년 집단정신치료를 위한 훈련 프로그램에서 치료사의 기능 중 어떠한 분야들이 가장 중요하다고 강조하겠습니까?

양쪽의 집단치료사들은 정상적인 청소년기의 발달 단계와 발달 과업을 배우는 것에 대한 필요성을 설명하였다. 경험이 많은 치료사들은 청소년 집단치료사들이 그 자신의 청소년 발달 과업에 매우 적절히 대처했어야 하며, 이런 분야들의 어려움에 대해 명확한 지식을 가져야 한다고 언급하였다. 또한 청소년 집단치료사들이 높은 불안 수준과 더 많은 집단치료의 역기능을 다루기 위하여 더 큰 능력을 가져야 할 필요가 있다고 하였다.

경험이 적은 치료사들은 청소년 집단치료를 구조화하는 특정한 기술들을 가르칠 수 있었으며, 신체적인 공격이나 부적절한 성적 표현들과 관련된 사건들을 다루는 프로그램들에 대해 더 많은 관심을 가졌다. 또한 적절한 사회적인 행동들을 모델링하는 기회들을 제공하기 위하여 청소년 집단치료에서 남성과 여성의 공동 치료관계에 대한 선호를 언급하였다.

청소년 집단치료에서 공동치료사의 선택 및 공동작업

청소년 집단치료에서 남성과 여성의 공동치료사 형태를 사용하는 것은 성역할 모델을 위한 기회를 제공한다고 널리 보고되었다(Skynner, 1976). 게다가 공동치료는 분담된 문제해결을 모델링하는 공개 토론, 성역할 외에 한 치료사의 부재 시 대안이 되는 지도력 그리고 집단치료 진행이 어렵거나 좌절될 때 치료사들을 위한 상호 지지체계를 제공한다(Dick, Lessler, & Whiteside, 1980). 그러나 공동치료사의 사용은 지배적인 문제로 대립될 수 있고 이론적 관점이 다를 수 있는, 집단의 소유권을 인식하는 두 치료사 간의 복잡한 개인적 관계에 또 다른 차원을 부가한다. 성차별의 문제를 배제하면서 집단의 지도력과 문제해결을 향한 역할 분담에 대한 지향은 어떤 집단을 위해서라도 매우 중요한 요소들 중의 하나가 된다.

치료사들에게 선택의 가능성이 주어진다면, 당신은 어떻게 공동치료사를 선택할 것인가? 공동치료와 관련된 문헌에 대한 이전의 연구들에서는 공동치료 관계에 집중하지 않았다(Paulson, Burrooghs, & Gelb, 1976). 동일한 연구(Paulson et al., 1976)에서 공동치료사의 조화와 부조화 그리고 그 관계에 대한 조사 연구 결과, 갈등은 (a) 집단치료 내에서 문제를 해결하는 접근에 대한 차이, (b) 치료사들에 의해 승인될 수 있는 활동 수준들의 인식의 차이, (c) 스타일과 기술에 대한 차이로 설명되는 문제들이 중점적으로 나타났다.

1979년 논문에서 Corder와 Cornwell은 기능면에서 공동치료사들이 잠재적인 문제들을 확인하는 것을 돕기 위한 비위협적인 기술들을 개발하는 연구를 시작했다. 목표로는 치료사 자신과 공동치료사의 집단치료 지도력을 정확하게 확인하고, 협동적인 회기들 안에서 효과적이고 긍정적인 상호 교환을 위한 구조화된 기술들을 개발하는 것이 포함되었다.

연구에서 사용된 방법

그 과정을 시작하기 위하여 공동치료사와 나는 집단치료 내에서 치료사 기능에 중요하게 나타난 행동과 인격 양식을 설명하는 범주의 목록을 만들었다. 이러한 범주들은 지배, 경쟁, 지지적인 돌봄, 중요한 직면, 인식적인 기능에 대한 강조, 감정적인 기능에 대한 강조, 수동성-적극성, 유연함-엄격함, 개방-폐쇄 그리고 성역할에서의 만족이었다.

다음에 우리는 치료 계획 목표들과 이론적인 지향을 재조사하기 위하여 안면이 없는 치료사들에게 질문하였고, 서로에 대해 등급을 매기면서 12주 동안 집단을 공동 지도하도록 하였다. 그 후에 우리는 치료사 자신과 공동치료사 사이의 인지된 차이점을 검사했다.

연구의 결과와 토론

연구 결과 공동치료에서 문제로 알려진 범주의 빈도와 공동치료사에 의한 자기 지각 순위와 공동치료사 각각의 순위 사이에 3 또는 그 이상의 점수 차가 있었던 범주에서 특이한 상관관계가 나타났다. 예를 들면, 공동치료 회기 동안 한 집단치료 구성원을 위해 필요했던 지지적인 도전의 양에서 높은 빈도의 불일치를 보여 주었다. 이는 공동치료사들 역시 집단치료에서 치료사 자신의 기능에 관한 인식과 공동치료사의 인식 사이에 가장 큰 차이를 보여 주는 것 같았다. 이런 결과들은 집단치료 내에서 치료사들 간에 서로 다른 지향점을 명확히 하고 다른 경험들에 대해 대화를 하는 공동치료사들의 중요성을 시사하였다.

이후의 연구에서 Corder, Cornwall 그리고 Whiteside(1984)는 청소년 집단치료에서 공동치료 기능에 대한 그들의 작업을 확장하였고, 위에 예시된 시험적인 연구를 발전시켜 치료사의 등급 척도를 개발하였다. 이 척도의 사본은 39쪽에 제시되어 있다.

동일한 연구에서 저자들은 청소년 집단치료에서 초기 계획 수립과 공동치료 기능의 구조화를 위한 구조화된 체계를 개발하였다. 그들은 넓은 범위의 집단치료 진행과 기능을 망라하는 이런 문제들의 동의와 토론이 집단치료 작업과 공동치료 회기들을 위해 상호 만족하는 구조를 제공한다고 느꼈다. 처음에(비위협적인 방법으로 스타일과 이론에서의 차이점들을 확인하기 위하여) 치료사들에게 각각 질문지에 답하게 한 후, 타협 또는 상호 만족할 만한 해결에 도달하면서 자신의 공동치료사와 함께 각 항목을 재조사하게 하였다. 그 구조화된 질문지의 체계는 41~48쪽에 제시되어 있다. 공동치료사들은 실제 문제로서의 그들 자신의 계획을 안내하고 회기들을 피드백하기 위해 이 질문지를 사용할 수 있다. 이 책의 곳곳에서 이러한 질문들에 대한 저자의 접근이 적절한 표제 아래 논의될 것이다.

공동치료 회기

전형적으로 각 집단치료 회기 후에 치료사들은 집단치료의 진행과 발달 그리고 어떤 잠재적인 문제 분야들을 재검토하기 위해 만난다. Corder와 다른 이들(1984)은 집단치료 발달의 양과 '옳은 방향(on-target)' 으로 나아가는 행동들을 측정하는 중요한 기준으로 각 구성원의 목표 목록에 첨부되는 청소년 집단치료에서의 치료 요인들에 대한 '공동치료 회기 체크리스트' 를 사용하였다. 비디오테이프나 치료사들의 매주 진행 기록들은 앞서 설명한 치료 요인들의 예로서 인식된 행동들이 나타나는 빈도를 검사하기 위해 사용된다. 각 집단구성원을 위하여 그들이 말한 목표들과 관련된 언어적 입력과 집단치료 행동들의 빈도를 검사하는 것 또한 도움이 될 수 있다. 이 척도들은 현재의 집단치료 기능의 효율성에 대한 더욱 객관적인 분석을 제공한다. 이것은 실례의 대조표가 포함된 해설들과 함께 49~51쪽에 제시되어 있다. 이 표는 집단치료 회기에서 특정한 어려움 또는 문제 분야들을 작성하는 항목들을 포함할 수 있다.

치료사의 등급 척도

지시: 함께 일하기 전에 공동치료사로서 제한된 사회적 접촉을 가질 수 있지만, 대부분의 지도자들은 초기의 집단치료 계획 수립 회의와 접촉 후에 집단치료 지도자로서 서로의 행위들에 대해 어떤 기대와 예상을 가질 수 있습니다.

이 척도에서 당신은 집단치료 회기들에서 보일 거라고 예상하는 각각의 선택된 개성과 행동적인 특징에 대해 1부터 10까지의 범위로 자신과 공동치료사를 평가하도록 합니다(1 = 가장 낮은 점수, 10 = 가장 높은 점수).

특성	자신의 순위	당신의 공동치료사의 등급
능동적		
수동적		
유연한		
엄격한		
지배하는		
복종하는		
기분을 내는(표현에서 감정을 보여 주는 등)		
기분을 억제하는		

직면하는		
지지적인		
권위적인		
단체 조직의(동등한 파트너 역할을 가짐)		
교육적인		
비평적인		
인식적, 지적으로 지향된		
감정적으로 지향된		

집단치료에서의 문제 분야들과 중대한 쟁점들

지시: 당신의 대답이 다음의 협동적인 토론들을 위한 체계적인 준비에 도움이 되므로 다음의 질문들에 대해 가능한 한 충분히 대답해 주십시오.

1. 청소년 집단치료를 위해서 가장 중요한 기본적인 목표는 무엇이라고 느낍니까? 당신이 중요하다고 인지하는 순서대로 최소한 다섯 개를 적으시오.

2. 청소년 집단치료 구성원들이 집단을 위한 목표를 설정하는 데 포함되어야 한다는 것에 대해 당신은 어떻게 느낍니까?

3. 집단치료의 규칙들이 집단 내에서 수립되어야 하고 시행되어야 한다는 것에 대해 당신은 어떻게 느낍니까?

4. 청소년 집단치료를 위해서 얼마나 많은 구조와 치료사들의 입력이 가장 생산적이라고 느낍니까? 일반적인 용어로 설명하시오.

5. 당신은 청소년 집단치료 내에서 목표를 향한 발달을 어떻게 측정하겠습니까?

6. 당신은 집단구성원의 행동에 대한 치료사들의 분석 지향적인 해석의 역할이 얼마나 중요하다고 인지합니까? 이 청소년 집단치료에서 얼마나 많은 해석을 시도하겠습니까?

7. 청소년 집단치료에서 역할극 기법의 중요성에 대한 당신의 생각을 설명하시오. 언제 어떻게 이 기술을 사용하겠습니까? 초기에는 어떻게 소개하겠으며 과정 중에 각 치료사가 해야 할 역할은 무엇입니까?

8. 당신은 공동치료사와 부모에 대한 피드백이 어떻게 다루어져야 한다고 봅니까?

9. 정보와 기록을 위해 당신이 갖고자 하는 비밀 척도를 설명하시오.

10. 당신은 수용적인 성인의 행동(치료사에 의한)을 모델링하는 과정이 청소년 집단치료 과정에 얼마나 중요하다고 느낍니까? 당신은 어떤 형태의 행위를 모델링하려고 계획합니까?

11. 당신은 집단치료 내에서 불안의 수준을 어떻게 평가합니까? 청소년 집단에서 비생산적인 불안의 수준들을 어떻게 설명합니까? 이것을 교정하기 위해 무엇을 하겠습니까?

12. 구성원의 선택과 치료 전 훈련에 대한 당신의 접근방법을 설명하시오.

13. 당신은 청소년 집단치료 회기들을 시작하고 종료하기 위해 어떤 기술들을 사용합니까?

14. 당신은 이 회기들을 위해 어떤 형태의 기록 보관법을 사용하고자 합니까?

15. 진행 중인 청소년 집단치료에 신입 구성원을 어떻게 소개하며 기존 구성원을 어떻게 종결시키고 싶습니까?

16. 청소년 집단치료를 구조화하고 촉진할 때 당신이 사용하기 좋아하는 기술들(긴장 완화, 짝짓기 등)은 무엇입니까?

17. 공동치료사가 청소년 집단치료에서 제안을 동등하게 할 수 있다는 것을 당신은 어떻게 느낍니까? 어떻게 이 협력이 균형 잡혀야 한다고 느끼며, 당신과 당신의 공동치료사를 위한 당신의 생각은 무엇입니까?

18. 당신은 공동치료사 사이의 개방이 청소년 집단치료에서 얼마나 효과적이라고 느낍니까?

19. 당신은 집단치료 회기 중에 공개적으로 당신과 당신의 공동치료사 사이의 어떤 형태의 갈등을 다루겠습니까? 그 이유와 예를 들어 주시오.

20. 당신에게 매우 도움이 될 사람과 당신의 공동치료사를 위해 매주의 공동치료 회기들이 어떻게 다루어질 수 있는지에 대한 당신의 생각을 설명하시오. 어떤 정보, 피드백 그리고 검토 방법들이 도움이 된다고 알고 있습니까?

지시: 다음의 각 질문들에 대해 두 개의 분리된 답을 하시오. 청소년 집단에서 당신이 유일한 치료사일 경우 어떻게 문제를 다루는지 그 내용을 (a)에 답하시오. 그리고 청소년 집단을 공동치료사와 함께 진행하는 경우 다루어지는 문제에 대해 어떻게 이끄는 것이 이상적인지 (b)에 답하시오.

21. 당신은 어떤 상황 아래 집단치료 내에서 지속되는 침묵을 어떻게 중단시키고 그 상황을 다루겠습니까?

a.

b.

22. 당신은 어떤 상황에서 언어적인 자료의 내용에 대해 집단구성원과 강하게 맞서겠으며 이를 어떻게 하겠습니까?

a.

b.

23. 당신은 언어적으로 회기를 독점하는 구성원을 어떻게 다루

겠습니까?

a.

b.

24. 당신은 따돌림당하는 집단구성원을 어떻게 다루겠습니까?

a.

b.

25. 당신은 집단치료에서 구성원의 물리적인 공격성을 어떻게 다루겠습니까?

a.

b.

26. 당신은 위축되고 전 회기 동안 거의 말하지 않은 집단구성원을 어떻게 다루겠습니까?

a.

b.

27. 당신은 갑자기 흥분하고 상대에게 직설적으로 이야기하는 집단구성원을 어떻게 다루겠습니까?

a.

b.

28. 당신은 집단치료 내에서 갑자기 기괴하고 정신병리적인 행동을 보이는 집단구성원에게 어떻게 반응하겠습니까?

a.

b.

29. 당신은 집단 내에서 보고된 구성원들 간의 성적인 행동을 어떻게 다루겠습니까?

a.

b.

30. 당신은 집단 내에서 발생된 명백한 성적인 상황을 어떻게 다루겠습니까?

a.

b.

31. 당신은 청소년 집단구성원들의 남녀 비율이 중요하다고 느낍니까? 진행 중인 집단과정에서 구성원이 급격히 변했다면 이를 어떻게 구조화하겠습니까?

a.

b.

32. 당신은 다른 치료사에 대하여 집단 안에서 생성된 불평과 매우 부정적인 말들을 어떻게 다루겠습니까?

a.

b.

33. 당신은 집단치료 초기과정부터 극도의 불의의 관계에 대해 이야기를 나눈다면 어떻게 인식하고 다루겠습니까?(예를 들면, 첫 집단치료 회기에서 근친강간의 경험과 관련된)

a.

b.

34. 당신은 어떤 집단구성원들이 다른 형태의 치료에도 포함되어 있다면 집단치료 경험들이 어떻게 통합될 수 있다고 느낍니까? 개인치료 회기 안에서만 다루어야 한다고 느끼는 문제들이 있습니까?

a.

b.

집단치료 과정의 공동회기 체크리스트

날짜 ____________ 회기 번호 ____________ 집단 ____________

치료 요인들	관련된 집단치료 입력/행동의 설명
나를 괴롭히고 있는 것을 이야기함.	A. M.–약물치료를 거부한 이유에 대해 토론함. G. L.–가정 방문에 대한 걱정을 토론함.
감정을 표현하는 방법을 배움.	A. M.–조력자들에게 언어를 표현하는 방법을 연습함. 응답: 약물치료 G. L.–부모와 전화로 가정 방문에 대해 논의하도록 유도됨.
나 자신의 행동에 대해 책임을 짐.	G. M.–치료사의 부적절한 대우로 인한 불만으로 집단치료에 맞섬. 응답: 제한으로 이끄는 행동들 G. M.–어떤 책임을 받아들이는 것 같음
대인관계학습 (input)	G. M.이 집단치료에 맞섬.
원가족의 재연출	예가 없음.
집단 응집력	집단치료 밖에서 함께 활동을 계획하는 것을 집단이 요청함.
대인관계학습 (output)	G. M.이 치료사에게 대화의 필요에 대한 그의 습관을 인지하고 토론하는 것을 돕기 위한 역할바꾸기 (G. M., G. L., R. C.)
보편성	언어화된 특정한 예가 없음.
이타심	G. M.에게 도움을 준 것으로 지도자들이 집단치료에 긍정적인 격려를 줌.

회기의 다른 양상들

집단치료 과정을 다룰 때 인지된 어려움에 대해 설명하시오.

1. 당신과 공동치료사 사이: B. C.는 R. W.와 상의 없이 역할극을 소개하였다. 그는 치료사들이 그들의 문제해결을 위한 정보를 다소 지연했다면 집단이 이 과정을 시작했을 거라고 느꼈다.
2. 집단구성원들 사이: G. M.은 다른 사람이 입력을 하도록 하기 위해 언어적 표현을 하는 그의 시간을 제한하는 것을 도울 필요가 있을 수 있다.

해결되지 않은 과제이며 다음 주 회기에도 계속되어야 하는 어떤 문제들 또는 주제들:

치료사의 어떤 피드백은 R. C.가 역시 G. M.을 위해 토론했던 효과적인 대화의 부족을 때때로 증명할 수 있다는 것을 나타낸다. '성공적인 그리고 실패하는 행위' 에 대해 더 많은 역할극이 필요했다.

집단치료에 소극적으로 참여한 구성원들과 다음 회기에 격려받아야 하는 구성원들을 작성하시오.

W. S.는 집중적인 태도와 기민감이 있지만 집단에 거의 또는 아무런 반응을 하려 하지 않았다. 이러한 경우에는 비위협적인 방법으로 집단에 치료적으로 개입함으로써 그의 참여를 유도할 필요가 있다.

구성원을 위한 개인적 목표들-발달에 대한 메모		
이름	목표	과정과 발달에 대한 메모
G. M.	"다른 사람들과 잘 지내는 것."	역할극(예: 직원과의 대화)에 잘 반응하였음. 역할극에서 언어적인 행동을 변화시키는 능력을 보여 주었음.
A. L.	"더욱 독립하기 위해 부모로부터 떨어짐."	작은 조치들을 만들 수 있음; 운전사 과정에 지원함.

참고문헌

Corder, B. F., & Cornwall, T. (1978). A pilot study approach to prediction of problem areas in male-female cotherapy relationships. *North Carolina Journal of Mental Health, 8,* 35-36.

Corder, B. F., Cornwall, T., & Whiteside, R. (1984). Techniques for increasing effectiveness of cotherapy functions in adolescent psychotherapy groups. *International Journal of Group Psychotherapy, 34,* 643-654.

Corder, B. F., Haizlip, T., & Walker, P. (1980). Critical areas of therapists' functioning in adolescent group psychotherapy: A comparison with self-perception of functioning in adult groups. *Adolescence, 58,* 435-442.

Dick, R., Lessler, K., & Whiteside, R. (1980). A developmental framework for cotherapy. *International Journal of Group Psychotherpy, 3,* 273-283.

MacLennan, B., & Felsenfeld, N. (1968). *Group Counseling and Psycotherapy with Adolescents.* New York: Columbia University

Press.

Masterson, J. F. (1968). Psychotherapy of adolescents contrasted with psychotherapy of adults. *Journal of Nervous and Mental Diseases, 127,* 517-551.

Paulson, I., Burroughs, J., & Gelb, C. (1976). Cotherapy: What is crux of the relationship? *International Journal of Group Psychotherapy, 26,* 213-224.

Skynner, A. (1976). *Systems of Family and Martial Psychotherapy.* New York: Brunner/Mazel.

Sugar, M. (Ed.) (1975). *The Adolescent in Group and Family Therapy.* New York: Brunner/Mazel.

3 청소년 치료 집단 구성을 위한 관리 및 법적인 쟁점들

집단이나 집단 밖의 환경을 준비하는 것이나 집단 과제를 위해 계획을 세우는 것은 집단 결과를 결정하는 데 매우 결정적인 요소가 될 수 있다. 어떤 기관의 환경에서든지 일차적으로 집단의 소유권과 집단에 대한 결정을 위해 치료사의 자율성 요소들을 수립하는 것이 필요하다. 사적인 업무 환경 안에서 부모, 클라이언트 그리고 학교와의 피드백을 다루는 계획을 세우는 것은 넓은 범위의 다른 관리적인 문제들과 함께 고려되어야 한다.

기관 또는 입원환자 환경

기관의 관리 흐름도 안에서 집단치료의 위치는 구체적인 방법으로 수립되어야 한다. 수립된 관리 방침 안에서 누가 직접 집단치료에 대해 결정하는 책임을 지는가? 어떠한 내용의 절차 안내서하에서 집단치료 활동이 보호되는가? 이러한 것들은 집단치료가 매일 기능하는 데에서 집단치료와 집단의 활동을 위한 보험의 적용 범위, 책임 그리고 배상에 영향을 줄 수 있는 법률적인 고려 사항의 중요한 쟁점들이다. 집단치료의 기능을 보장하는 적절한 절차 안내서가 없다면 이런 지침을 설정하는 것이 치료사에게 최우선순위가 될 것이다.

근본적인 또는 부가적인 치료과정으로서 집단치료

치료사들은 다음의 질문들을 진지하게 고려해야 한다. 집단이 클라이언트를 위한 주된 치료 양식으로서 기능할 것인가? 집단치료사는 집단구성원들을 위한 관리자로서 기능해야 할 것인가? 개인치료가 주된 치료 방식으로 고려된다면 어떻게 근본적으로 치료사와 다른 치료진과 함께 협동하고 피드백을 하며 치료 계획을 구성할 것인가? 이 상황에서 언급되어야 할 많은 쟁점과 의문이 있다. 개인치료사는 집단치료 과정을 개인 회기의 에너지를 고갈시키는 것으로 볼 것인가? 치료 목표의 초점에 대한 동의가 있는가? 집단치료사는 특권의 획득과 상실에 대해 개입할 수 있는 권리가 있는가? 집단치료에의 지속적인 참여는 집단구성원들의 특권을 유지하기 위한 요구로 성립될 것인가? 집단구성원들은 치료 중점의 혼합 구성의 형태를 띨 것인가(어떤 구성원들에게는 근본적인 치료를, 다른 구성원들에게는 부수적인 치료를 할당한 집단치료)?

누가 어떻게 불복종과 불참을 다룰 것인가? 어떤 기관에서는 환자에게 개인 회기에 참가하도록 요구한다. 집단치료 참석 여부에 따라 특권의 상실로 이어질 수 있겠지만 치료에 대한 불복종이 프로그램에서 축출될 이유가 될 수는 없다. 많은 경우 입원치료에서 집단구성원들을 위해 사건 관리자가 있는 것이 도움이 되었다.

임상감독

집단치료 안에서 당신의 작업에 대한 지속적인 임상감독자가 있는가? 필요한 임상감독자가 없다면 외부에서 임상감독자를 자유롭게 구할 수 있는가? 집단 프로그램의 기능과 과정에 대한 당신의 인지를 함께 평가할 수 있는 책임 있는 관리자가 있는가?

좋은 임상감독은 집단치료사의 기술들을 발달시킬 것이고, 동기부여 수준을 높게 유지시킬 것이다. 그리고 집단 임상감독이 가능하다면 집단치료 과정과 치료사의 개입에 대한 동료로서의 피드백을 제공할 것이다. 경험이 많은 치료사를 고용할 수 없는 기관에서는 임상감독을 위해 다른 기관과의 계약을 선택할 수 있다.

많은 치료사들은 임상감독을 받기 위해 집단치료 회기를 녹화한 비디오테이프를 사용하는 것을 선호한다. 물론 비디오 제작에 대해서는 부모 또는 보호자 그리고 청소년 집단구성원의 적절한 동의가 필요하다. 오디오테이프나 비디오테이프를 이용할 수 없을 때에는 집단치료 과정에 대한 메모들을 보충 자료로 사용한다. 집단치료 과정과 치료사의 개입 및 반응에 대한 기억은 대체로 완전히 정확하지는 않으며 편견이 있을 수 있다.

임상감독을 가장 효과적으로 사용하기 위하여 치료사들은 임상감독자들과 공유하는 다음의 질문에 대한 답을 체계적으로 설명해야 한다. 내가 어떻게 하는 것이 배우는 데 가장 효과적인가? 내가 비디오테이프 또는 집단치료 내 다른 사람들의 관찰을 통한 시각적인 피드백이 필요한가? 나는 임상감독자와 함께 역할극을 통해 여러 가지 개입기술들을 효과적으로 배우고 있는가, 아니면 이것이 나에게 지나치게 불안을 느끼게 하고 있는가? 대부분의 임상감독 시간 제한을 고려하면 매주 회기에 대한 일련의 질문들에서 드러나는 것이 나에게 도움이 되는가, 아니면 메모, 비디오테이프, 오디오테이프를 단계별로 재검토하는 것이 더 도움이 되는가?

나의 경험으로는 불만족스러운 임상감독 경험들은 임상감독자와 피감독자가 회기 동안 주고받아야 하는 것에 대한 상호 이해의 부족과 관련이 있다. 당신은 임상감독자에 의해서 제공되는 대안이 될 수 있는 행동과 개입에 대해 넓은 제안을 갖기를 원하는가? 당신은 각 회기를 위해 당신이 선택했던 이슈들을 교환하기를 선호하는가? 당신의 임상감독자가 당신의 다른 작업 수행을 평가한다면, 또는 그가 당신의 직접적인 상관이라면 이 점이 집단치료 회기에서의 갈등과 실패한 개입을 드러내려는 당신의 자발성에 영향을 주겠는가?

임상감독자들과 피감독자들에게는 감독시간을 매우 효과적으로 사용하기 위해 67~69쪽에 있는 것과 유사한 기록을 사용하는 것이 도움이 될 수 있다.

비밀성과 기록 보관

집단치료를 위한 기록은 개인치료에서의 기록과 어떤 차이가 있는가? 집단치료사들이 나눠서 각 집단구성원의 차트에 메모를 한다면 책임감 부여가 필요하겠는가? 하나의 선택은 치료사가 구성원의 회기별 집단과정에 대한 요약을 하는 것이다. 개인별 기록의 비밀보장은 각 구성원을 숫자 또는 이름의 첫 글자로 표시하고 각 개인 기록 사본을 특정 환자의 숫자 또는 이름의 첫 글자로 명명함으로써 이루어질 수 있다. 치료기관들은 일반적으로 개인별 과정을 기록에 포함하기 위해 집단 상호작용에 대한 정보를 분리하는 방법을 사용한다.

매주의 집단치료 보고가 적절할 때에는 제7장(청소년 집단치료를 위한 사전 · 사후 검사)에서 설명하는 것과 유사한 구조화된 형식을 사용하는 것이 가능할 수 있다. 어떤 경우든 집단치료 과정을 기록하는 방법을 모든 집단구성원에게 신중하게 확실히 설명해야 한다.

환자가 자신을 파괴하는 행동이나 다른 사람들에게 해가 될 수 있는 행동을 계획할 가능성이 있는 정보에는 비밀보장이 적용되지 않는다. 치료사들은 어떻게 비밀을 보장할 것인가를 명확하게 해야 한다.

관찰자

많은 기관에서는 피교육자들이 관찰하도록 양면 거울이 있는 치료실을 제공한다. 이때 관찰자들이 비디오테이프를 보는 것에 대한 법적인 제약들은 각 기관에서 법적인 조언자들과 함께 검토되어야 한다. 비밀보장에 관한 청소년의 극단적인 민감성 때문에 관찰자는 전형적인 불안의 원인이 될 수 있다. 치료실 안에 참석하는 관찰자들은 집단 응집력의 성장을 위축시킬 수 있다.

치료실 환경

집단치료실은 구성원들이 토의하기에 충분하도록 원형으로 앉기에 적당해야 한다. 청소년들과 함께 작업할 때 한 종류의 의자를 갖추는 것은 어느 구성원이 지도자 의자, 소파 등을 차지하려는 갈등을 피할 수 있다. 극단적으로 충동적이고 공격적인 청소년들과 함께 작업할 때 어떤 치료사들은 초기 집단치료를 위해 의자들로 둘러싸인 원탁을 선호한다. 또 어떤 치료사들은 회의 탁자같이 큰 물체는 집단의 상호작용을 방해할 수 있다고 느낀다. 다과를 차릴 수 있는 작은 탁자는 유용하다. 푹신한 의자나 베개와 같은 자리는 청소년 집단구성원에게 퇴행을 일으킬 수 있으며, 회기 동안 구성원들이 바닥에 앉도록 허락하는 것도 같은 결과를 가져올 수 있다. 이러한 형태의 자리는 느슨하고 비공식적인 분위기가 요구되는 성인 지향의 집단에서는 가능하나 청소년집단에서는 보다 구조화된 환경이 요구된다.

다 과

많은 치료사들이 다과를 준비하는 것은 (a) 집단의 의존적 필요성을 충족시키는 한 양식으로서, (b) 치료사들, 즉 권위적인 인물들에게 직접적으로 부정적인 평가를 '질 낮은 과자' '싼 음료' 등에 대한 불평과 거부의 은유 안에서 우회적으로 표현할 수 있는 기회를 마련한다. (c) 비위협적이고 집단의 즐거운 상호작용을 제공함으로써 불안 수준을 낮추는 활동으로서 (d) 간단한 사회기술과 예절을 배우는 기회를 제공한다고 보고 있다.

나의 경험에 의하면 다과는 간소해야 하고(과자 또는 감자칩, 청량음료), 구성원에게 교대로 격식을 차려 대접하는 책임을 위임하는 것도 도움이 된다. 일관성 있는 다과시간을 정하는 것은 집단과정의 분열을 줄이는 경향이 있다. 최종 10분이 다과를 위해 사용된다면 그 시간에 집단치료의 주제와 과정을 정리할 수 있다(제8장 참고). 만약 집단치료 시작시기에 이루어지는 다과시간이라면 집단 치료 시작의 한 부분으로 사용할 수 있다.

회기시간

한 회기의 시간은 집단 구성을 6명으로 할 때 최소 1시간이 필요하다. 더 큰 집단을 위해서는 적어도 15~30분이 더 추가될 필요가 있다. 나의 경험상 청소년의 집중시간은 한 회기에 90분 이내였다.

집중시간이 훨씬 더 제한적인 청소년들도 있기 마련이다. 입원환자의 경우 집단에 참여할 수 있을 정도의 행동과 충동 제어가 증진되기까지 전체 회기시간의 반을 투자할 수도 있다.

개방형 대 폐쇄형 집단치료 – 시간 제한 대 연속 집단치료

시간 제한이 있는 집단치료는 종종 특정한 문제에 집중한다(예: 섭식장애, 공격 통제). 이러한 집단치료의 이점은 부모에 의해 치료에 보내진 것에 대한 초기 저항을 낮추며, 구성원들이 집중할 특정한 목표를 설정하는 것의 필요성을 수용하는 것을 포함한다. 또 다른 명확한 이점은 서비스 전달에 제한이 있는 기관의 환경 안에서 더 많은 수의 클라이언트를 치료할 수 있다는 점이다. 시간 제한이 있는 집단치료의 단점은 치료와 개입의 깊이에 대한 한계와 구성원들이 도움이 되고 받아들여지고 지지받는다고 인지하는 집단을 떠나는 것에 대한 저항을 포함한다.

개방적이고 지속되는 집단치료는 여러 가지 장점을 갖는다. 즉, (a) 문제를 깊이 다룰 수 있고, (b) 새로운 구성원들에게 적당한 참여 행동들을 모델링할 수 있는 경험을 제공하며, (c) 구성원들에게 더 긴 시간 동안의 관여와 제휴를 허락한다.

단점은 (a) 때로 부모와 집단구성원들이 특정한 목표 지향적인 초점이 없다고 느낄 수 있고, (b) 보험회사들과 건강보험에서 제한된 수의 회기까지만 비용을 치르며, (c) 제한된 수의 클라이언트만이 도움을 받을 수 있다는 것이다.

저자와 동료들은 여러 조합들과 대안이 되는 형태의 집단치료를 운영해 왔다. 발생된 문제 분야와 특정한 목표 설정에 집중하는 시간 제한적인 집단치료는 모든 클라이언트들이 참여 가능한 초기의 집단치료가 될 수 있다. 이 집단치료에 참가한 후에 구성원들은 집단치료 계약에서 설정한 특정한 행동 목표를 만족시켰을 때 종결할 수 있고, 또는 이미 진행 중인 장기간의 집단치료로 옮기는 것을 선택할 수 있다. 이때 집단치료 구성원은 더 넓은 범위의 개성과 행동 쟁점들에 대한 더 집중적인 작업을 포함하는 목표를 설정한다. 또 다른 형식으로는 구성원들이 제한된 목표에 도달한 후에 종결하는 것을 허락하는 개방-폐쇄 목적의 개방형으로 지속되는 집단과 기존 구성원들이 집단 안에서 더욱 장기적으로 진행되는 형태가 구조화되어 개발되어 왔다. 여기서 동료 지도자들은 새로 들어온 구성원들이 효과적인 집단 참여 행동들을 배우도록 도우면서 자신의 넓고 더 깊은 쟁점들에 대해 작업한다. 이 접근의 장점은 환자들이 제한된 목표를 이루어 성취감을 느끼게 하고, 더불어 그들 자신의 확장된 목표를 계속 다루면서 다른 사람들을 돕는 것을 통하여 더 나은 경험을 발달시킴으로써 다른 이들에게 보답한다는 것이다.

법적인 쟁점들

미국 대부분의 주에서는 정신보건 기관을 위한 법적인 기준들이 계속해서 재검토되고 있다. 이 책은 청소년 클라이언트들의 치료와 관련된 특정한 조문을 언급하거나 폭넓은 법적 문제들을 검토할 수 없다. 다음의 정보는 치료적 접근을 공식화하는 데 고려되어야 할 기초적인 주의점들이다.

우리의 법률 자문가들은 소송이 제한된 수의 비윤리적인 전문가들 또는 클라이언트들에 의해 취해진다기보다는 오히려 전형적으로 치료와 관련된 목표들, 기대들, 의도들 그리고 기술들과 관련된 오해에서 비롯된다고 언급하였다. 책임 있는 당사자들에 대한 계속적인 피드백은 물론, 이런 목표들과 기술들의 서로 합의된 이해에 대하여 적절히 쓰인 문서가 잠재적인 소송을 피하는 기본적인 도구가 될 수 있어 보인다. 이것은 제5장에서 논의한 치료 계약서를 개발하는 동기 중의 하나가 되었다.

우리의 법률 자문가들은 또한 치료 프로그램들을 위해 다음의 기초적인 지침들을 제시하였다(Corder, Haizlip, & Spears, 1976).

1. 서비스 제공자와 기관은 언제라도 법적 소송이 발생할 수 있다는 것을 기억해야 한다. 치료와 서비스의 어떠한 측면도 소송의 잠재적인 원인이 된다. 서비스 공급자는 소송이 치료 프로그램들에 대항하여 성공적으로 제기되는 것이 어렵거나 불가능할 것이라고 보증하는 조치를 취할 수 있을 뿐이다.
2. 기관 또는 서비스 제공자들은 각 동의 서식을 승인할 수 있으며 서식에 요구되는 서명들, 목격자들 그리고 공증과 관련하여 권고할 수 있는 유용한 법률 자문을 가져야 한다.
3. 치료 프로그램의 형태는 절차, 규칙 그리고 지침을 명확히 설명하는 안내서에 포함되어야 한다. 그 안내서는 법률 자문에 의해 재검토되고 승인되어야 한다.
4. 모든 형태의 치료 프로그램은 청소년과 그의 부모에게 신중하게 설명되어야 한다. 그 설명의 상호 이해에 관한 기록이 문서화되어 있어야 한다.
5. 환자의 비밀에 영향을 줄지 모르는 형태의 치료는 특별히 신중해야 한다. 이것은 비디오테이프의 사용, 교육적인 의도로 사용된 사건의 역사, 사진들, 신문 발행 등을 포함한다. 동의가 요구되는 각 부문에 대한 특정한 서식이 개발되어야 한다. 모든 승인 서식들은 그 정보가 어떻게 사용될지 보통 사람도 충분히 이해하기 쉬운 명백한 언어로 자세히 설명되어야 한

다. 이것은 진실로 알려진 동의가 서비스 제공자와 클라이언트 사이에 존재한다는 것을 명확하게 해 준다. 그러나 이것은 환자들이 특정 시간에 승인 또는 동의 서식을 폐기할 수 있으며 그러한 시간 제한은 보통 어떤 동의 서식으로 요구된다는 것이 언급되어 있어야 한다.

집단치료 작업에 포함된 특별한 분야의 비밀보장에는 환자 개개인의 사생활을 보호하면서 다른 집단구성원의 사생활과 타협하지 않고, 각 구성원의 참여에 대해 부모와 다른 사람들에게 피드백을 제공하며, 여러 환자들의 차트에 집단과정을 기록하는 것이 포함된다. 회기를 녹화하고 기록하는 것에 대해 모든 집단구성원에게 동의를 구해야 하는 것과 더불어 집단치료 밖에서 환자들 사이에 집단의 정보에 대한 비밀을 보장하는 것도 고려되어야 한다. 비밀보장의 규칙들에 대한 어떤 제한들(불법이거나 자신을 파괴하는 행동들을 보고하고, 집단치료 밖에서 엄격히 비밀 규칙들을 시행할 의무)이 설명되어야 하고 부모와 청소년 모두에 의한 상호 이해가 문서화되어야 한다.

6. 치료 계약들은 집단 작업 중 치료사들, 환자들 그리고 부모들의 상호 예상들을 문서화하는 데 종종 도움이 된다(제5장 참고).

임상감독과 회기 기록

집단치료 ____________ 날짜 ____________ 치료사 ____________

이 회기에 대한 집단의 주요 주제들:

주제	누가 주제를 발의했는가? (집단구성원, 치료사)

치료사가 제안한 개입들(역할극, 다른 연습들, 직면, 명료화, 해석):

개입	문제?

청소년 집단에서 작용하는 치료 요인들의 예들:

요인	집단에서의 의견 제시/행동의 설명

나를 괴롭히고 있었던 것을 말함.

감정을 표현하는 방법을 배움.

나의 인생을 사는 방법에 책임을 짐.

인간 간의 배움/의견 제시(input)

가족 재현

요인	집단에서의 의견 제시/행동의 설명
집단 응집력	
인간 간의 배움/느낌 표현(output)	
보편성	

이타심

인지된 문제 분야들: **제안된 대안들:**

치료사의 개입들

다음 회기를 위해 제안된 초점 또는 강조(개입들, 특정 구성원에 대한 집중, 치료 요인 초점, 끝나지 않은 업무 등):

참고문헌

Corder, B. F., Haizlip, T., & Spear, L. (1976). Legal issues in the treatment of adolescent psychiatric inpatients. *Hospital and Community Psychiatry, 27*, 712-715.

4 구성원 선택과 목표 설정

구성원 선택에 대한 이슈들:
집단구성원의 자격지침과 금기

이전 장들에서 언급한 것처럼 경험이 많은 집단치료사들은 집단을 구성할 때 인원 수와 자격 조건에 대한 요소를 제시한다. 다양한 특성을 가진 구성원으로 이루어진 '혼합집단' 또는 '특수치료집단' 은 집단과정에서 중요한 요소로 나타난다. 나의 임상 경험을 통해 집단구성원의 선택과 관련하여 몇 가지 제시하면 다음과 같다. (a) 치료 집단에 언어적으로 적극적인 구성원을 적어도 두 명 이상 포함하는 것이 도움이 된다. 그리고 동일한 집단에 두 명 이상의 위축되고 소극적인 구성원을 포함하여 균형을 맞출 수 있다. (b) 6~8명으로 구성된 집단에서 둘 이상의 소극적이고 매우 비언어적인 구성원은 집단의 진행을 심각하게 방해할 수 있다. (c) 집단에서 과도하게 자기 주장을 하는 두 명 이상의 구성원들은 덜 적극적인 참가자들을 압도할 수 있다. 일반적으로 치료자가 집단에서 더 구조화된 기술을 사용할수록 집단 내의 다양한 요구들을 더욱 효과적으로 다룰 수 있다.

연령에 관한 이슈

13~17세 사이의 청소년들은 사춘기 이전의 어린 아동들과 다르게 전형적으로 사회적이고 독립 지향적인 이슈들을 다루고 있다. 그러나 생활연령은 사회적인 기능 수준과 다를 수 있다. 많은 청소년들이 '13세가 31세의 행동을 하고 있는' 반면, 어떤 17세 청소년들은 데이트를 해 본 적이 없거나 다른 청소년의 발달 단계들을 경험해 본 적이 없다. 매우 미숙한 십대들은 청소년집단에서 다른 구성원들의 따돌림 대상이 될 수도 있다. 다른 집단구성원들의 반응에서 사회적으로 벗어나는 구성원을 보호하는 것은 치료사들에게 시간 소모적인 업무를 부과할 것이며, 종종 다른 집단구성원들을 위한 더욱 중요한 쟁점들에 대한 작업을 지연시킬 수 있다.

성별에 관한 이슈

13세 이하의 많은 아동들은 동성 집단에서 더욱 만족한다. 그러나 13세 연령시기에는 이성에 대한 관심이 증가하고 이성과의 사회적인 상호작용 기회가 많은 집단구성원들이 더 매력적으로 보이는 것 같다. 가능하다면 같은 수의 남녀 구성으로 치료 집단을 구성하는 것이 좋겠지만 이상적인 집단 구성이 항상 가능한 것은 아니다. 어떤 청소년들은 집단 내 유일한 남성 또는 여성이 되었을 때 불만을 나타내기도 한다. 이를 피하기 위해 동료들과 나는 일반적으로 여성이 우세한 치료집단에 최소한 두 명의 남성들을 포함시켰으며, 그 반대의 경우에도 그렇게 했다.

진단 기준, 일반적인 자격지침 그리고 금기

집단구성원의 선택 기준을 수립할 때 진단 기준은 청소년의 현재 사회적 기능과 언어화된 주장의 수준만큼 도움이 되지 않는 것으로 나타났다. 앞서 설명한 것처럼 작업할 수 있는 집단구성원의 혼합과 균형의 유지는 더욱 중요한 쟁점이다.

심각한 정신질환이 있는 청소년들은 대부분의 집단에 포함되지 않아야 한다. 이러한 청소년은 치료사들이 심각한 정신질환자에게서 보이는 현실 접촉 부족(환각, 기괴한 착란 등)에 집중하도록 하므로 집단의 불안 수준이 심각해질 수 있다. 또한 성정체성과 관련된 이슈를 둘러싼 심각한 관심들을 다루고 있는 청소년들은 집단에서 표출하는 것이 매우 어려울 수 있으며 다른 청소년들에게 불안을 증가시킬 수 있다.

대다수의 청소년에게 집단 작업은 기본적인 혹은 부수적인 개입으로 선택될 수 있는 치료다. 집단치료는 청소년의 발달적 과업을 다루는 기회를 제공하는 데 매우 효과적이다.

구성원 분류를 위한 집단

많은 클리닉에서는 집단치료 작업에 반응하는 잠재성을 평가하는 척도로서, 그리고 집단치료 과정의 소개 차원에서 초기에 심사 집단(the screening group)을 운영한다. 클리닉에 의뢰된 청소년들은 집단치료 회기에 대한 만족과 집단치료 과정에 반응하는 능력을 관찰할 수 있는 진행 중인 심사 집단에 5~6회기 동안 참가할 수 있다. 이런 경험 후에 그들은 장기치료 집단에 보내질 수 있다. 이 방법의 어려움은 실제적인 집단 응집력이 짧은 시간에 형성될 수 없다는 것이며, 초기의 집단 경험이 전적으로 긍정적일 수는 없다는 것이다. 진행 중인 집단에 소개하는 구조화된 방법이 있을 때 신입 구성원들은 보통 쉽게 집단구성원이 될 수 있다.

이러한 접근의 단점은 신입 구성원의 잠재적인 가능성을 불확실하게 추정하여 그들을 집단에서 퇴출시킬 가능성이 있다는 것이다. 그러한 어려운 상황은 설령 새로 들어온 구성원이 처음에 상호 조건적인 '참여 가능한 구성원'으로 분류되었다 하더라도 자존심의 손상을 피하기 위해 조심스럽게 다루어져야 한다.

집단치료 목표와 관련된 선택 이슈

치료 집단의 설정에 의존하면서 치료사는 (a) 집단치료를 위해 의뢰된 모든 청소년의 일반적인 요구를 충족시키기 위해 집단을 발달시키는 것이 요구되고, (b) 공동체 안에서 청소년들을 위한 특정한 문제 분야에 반응할 필요가 있으며, (c) 개별화된 목표를 가진 집단을 발달시키는 유연함을 가지고 그러한 집단을 위해 적절한 집단구성원들을 심사할 수 있다.

이 책은 특별한 집단치료 접근이나 분노 통제, 과식 등과 같은 특정한 문제 분야에 집중하는 프로그램을 언급하지 않는다. 그러나 이 책에서 설명한 것과 같은 행동에 관한, 그리고 통찰력의 목표들을 가진 절충적이고도 매우 구조화된 청소년 집단치료 접근으로 설명된 선택 지침들을 활용할 수 있어야 한다.

설명한 선택 기준에 더하여 각 청소년은 자신이 집단 안에서 작업하고자 하는 문제를 적어도 두 개는 작성할 수 있어야 한다. 집단 작업을 위해 개인적인 목표를 선택하는 과정은 치료 계약과 치료 전 훈련에 관한 다음 장에서 더욱 상세히 설명된다.

5 치료 전 훈련, 계약 및 치료 전 준비

성인 대상의 많은 연구들은 언어적인 상호작용 기술의 양과 질을 증대시키기 위해 치료 전 훈련이 효과적임을 언급하였다(Gauron & Rawlings, 1975). 이는 대화와 사회적 기술의 저하가 집단치료에 의뢰되는 문제들로 자주 언급되기 때문에 특히 청소년 집단치료에 적절할 수 있다(Sugar, 1975). 우리의 이전 연구(Corder, Whiteside, & Vogel, 1977)에서 밝혀진 것은 청소년 집단치료는 전형적인 성인집단치료보다도 구조화되고 적극적인 지원이 필요하다는 것이다. 당시에는 매우 제한된 연구에서 청소년에게만 필요한 것에 중점을 둔 치료 전 훈련 프로그램이 사용되고 있었다. 그래서 우리는 고유의 안내 프로그램들을 개발하였다. 여러 해에 걸쳐서 우리들은 치료 전 훈련이 치료에 유익한 효과를 주는 긍정적인 기대로 발전하고, 청소년 집단치료 안에서 비생산적인(오락적인 잡담,

언어 표현에서 낮은 수준의 친밀감 등) 시간의 양을 줄이며, 집단에서 언어적 피드백을 주고받는 데 초기에 환자의 기술을 증진시키는 것을 관찰하였다.

치료 전 기술들은 13~18세 범위의 남녀 청소년들을 대상으로 외래진료소, 보건기관 그리고 입원 시설이 있는 병원 프로그램에서 사용되었다. 이러한 기술들은 다음에서 개략한다.

집단치료 준비를 위한 기술들

집단치료를 위해 우리에게 의뢰된 청소년들은 그들의 기록들 그리고 현재의 사회적인 기능에 대한 검토와 드러난 문제들, 현실 인식의 수준 그리고 충동 통제를 검토하는 절차를 거친다. 여기에 추가적인 심리검사와 집단치료사와 공동치료사들과 함께하는 한 시간 정도의 개인적인 심사회기가 최소 2회기 정도 이어질 수 있다. 청소년의 부모는 보통 이 회기들에 한 번 혹은 두 번 모두 참가한다. 이러한 회기들은 다음의 형식을 따른다.

1. 비디오를 보며 토론한다. 비디오는 청소년과 부모의 집단치료에 대한 의문들을 재검토하고, 치료 계약들에 대한 상세한 정보를 주며, 청소년 집단 회기를 소개한다.
2. 청소년에게는 집단 안에서 언어적 피드백을 주고받기 위한 지침서들이 제공된다. 이 정보는 집단치료가 시작된 후에 토론

하며, 더 상세한 검토를 위해 유지된다.

3. 부모, 청소년 그리고 집단치료사들은 치료 계약서에 대해 토론하며 모두 서명한다.

비디오테이프

비디오테이프를 제작하기 위해서는 이전에 집단치료 참여 경험이 있는 청소년들에게 집단치료에 관한 조사가 선행되어야 한다. 청소년과 부모는 집단치료 구성원이 되는 것에 대한 초기의 관심과 의문 및 두려움에 관한 구조화된 질문지를 작성하도록 요청받았다. 질문의 응답들은 40분용 비디오테이프를 제작하기 위한 기초자료로 활용되었다. 비디오테이프의 내용에서는 청소년과 집단치료사의 첫 면담과정에서 오간 질문들과 관심들이 재조명된다. 이어 질문지에 대한 부모의 응답에 반영된 관심과 쟁점들을 예로 설명하면서 청소년 부모와의 면담을 보여 준다. 또한 집단치료 계약에 대한 토론, 전개 그리고 서명하는 것이 제시된다. 그 계약은 목표, 기대, 집단치료 기술들, 비밀보장에 대한 상호의 이해와 동의를 설명하고 청소년 클라이언트, 부모, 집단치료사들에 의해 서명된다.

그리고는 청소년의 집단치료 회기 장면이 이어진다. 회기는 언어적 피드백, 역할극 그리고 다른 집단 연습들과 기술들의 좋은 예들을 포함한다. 이러한 집단치료 과정의 소개가 끝나면, 치료사들이 집단치료에서의 행동들을 재검토하고 집단치료 상호작용에 내포된 의미에 대해서 토론하는 장면이 제시된다 .

교훈적인 정보와 지침

우리들은 집단치료 구성원에게 매우 효과가 있다고 판단되는 특성과 행동들을 설명하는 지침서를 준비하는 것이 도움이 됨을 알았다. 이 지침들은 성인들을 위한 치료 전 훈련에서 Gauron과 Rawlings(1975)가 사용했던 것을 수정한 것이다. 그들은 집단에 참가하면서 가장 많이 해야 하는 행동들에 대해 설명한다. 그 지침들은 집단 안에서 자신의 문제들을 토론할 책임을 갖고 자신의 목표를 향해 노력하는 것은 물론, 다른 사람의 말을 경청하고 피드백하는 것의 필요성을 강조한다. 그 자료는 '연습의 필요성' 과 지속적인 변화 시도에 대한 필요를 강조한다(Corder, 1987: 190; 이 장의 81~86쪽의 예 참고).

치료 계약

두 가지 다른 환경에서 선택적으로 사용되는 치료 계약들은 83~90쪽에 제시되어 있다. 각 계약은 특정한 프로그램의 필요와 제약을 반영하기 위해 구별되어야 한다. 그러나 제3장에서 언급한 것처럼 대부분의 계약들은 비밀보장의 규칙을 언급해야 하며, 집단구성원과 부모에게서 예상되는 기대와 행위를 개략해야 한다. 또한 집단치료 참가 이후의 변화와 결과에 대한 실제적인 가능성과 함께 사용될 집단기술들을 설명해야 한다.

치료 계약은 장래의 청소년 집단구성원을 위해 상호 인정할 수 있는 적어도 한두 개의 특별한 목표와 함께 일반적인 목표들을 목록으로 만들어야 한다. 또한 치료사, 부모 그리고 치료기관 사이에 정보를 공유하기 위해 사용되는 피드백 과정을 설명해야 한다.

여기에 치료 계약의 두 가지 예가 있다. 첫 번째 계약서는 *Innovations in Clinical Practice: A Source Book*(Corder, 1987: 189)의 저자가 저술한 부분에서 발췌하였다.

두 번째 계약서는 나의 가장 친밀한 협력자이며 오랜 공동치료사인 Reid Whiteside 박사가 사용한 것인데, 이것은 집단치료가 진행되는 환경에 따라 매우 달라진다.

입원 환자와 외래 환자에게 사용되었던 치료 계약(83~86쪽)은 집단치료 회기가 진행되지 않는 경우의 결과들을 개략하지 않으며 치료 비용을 기록하지 않는다. 또한 집단에서 자주 부여되는 구성원의 과제 연습 내용에 대하여 설명하지 않는다. 이 점에 대해서는 비밀보장 규칙의 예외적인 상황을 설명하는 항목에서 특수성의 결여에 관한 부정적인 피드백이 있어 왔다.

청소년 집단치료 계약(87~90쪽 참고)에는 치료 회기에서 사용되는 기술들을 자세히 설명하지 않는다. 또한 청소년에 의해 발달되는 특정한 목표들을 기록한 부분도 없다.

어떤 계약도 의료적인 응급처치에 대한 요구는 필수적인 내용이다. 치료사가 긴급 상황에서 부모에게 연락할 수 없어도 집단구성원을 위한 응급치료를 요구하는 것은 가능하다. 어떤 계약도 구성원이 집단치료에서 퇴출되는 결과를 가져올지 모르는 모든 규칙 위반 사항들을 개략하지 않는다. 치료 계약은 치료의 모든 요소들이나 가능한 모든 법적인 내용들을 포함하는 것을 의미하지 않는다. 치료 계약의 목적은 치료적 의도, 기술, 한계 그리고 목표에 대해 클라이언트와 치료사 사이의 토론과 상호 이해에 대한 기록을 준비함으로써 오해와 분쟁을 피하는 데 있다.

집단치료 참가지침

1. 네가 자신에 관련된 것들에 대해 변화가 불가능하다고 생각하는 것들을 이야기하는 것은 시간만 낭비할 뿐이다("내 기분은 어쩔 수 없어. 그게 내 방식이야."). 네가 정말 변하기를 원한다면 너 자신에 관련된 어떤 것이라도 변화시킬 수 있다.
2. 다른 사람이 말하고 있을 때 그들이 너에 대해 무엇을 말하는지 잘 듣고 이해하기 위해 노력하라. 그것은 너에게도 적용되며, 그들은 자신이 말한 것에 대한 너의 관점을 필요로 한다. 이것은 너 자신에 대해 말하는 것처럼 네가 해야 할 부분이다.
3. 때로는 문제를 해결하는 방법을 제안하는 것이 다른 사람들에게 도움이 된다. 그러나 대부분은 그들이 처음에 올바른 행동을 하지 못했던 이유를 찾도록 돕는 것이 더욱 필요하다. 사람들은 보통 자신이 해야 하는 것을 안다. 다만 알고 있는 것을 실행하는 데 장애를 가지고 있을 뿐이다.
4. 너는 여기서 네가 말한 것을 훈습하기로 되어 있다. 말하는 것만으로는 사람을 많이 변화시키지 못한다. 일상생활에서 네가 생각한 변화들을 실천해야 한다. 그 후에는 집단 밖에서 네가

새로운 방식을 실천했을 때 어떤 일이 있었는지 기꺼이 집단에 알려라.

5. 너는 자신을 괴롭히고 있는 것들에 대해 집단치료에서 말해야 할 의무가 있다. 치료사들과 집단은 너의 마음을 읽을 수 없다. 네가 말하도록 도울 것이지만, 너는 자신을 힘들게 하는 것들에 대해 스스로 말해야 한다.
6. 너는 집단구성원이 말한 것들에 대해 네가 무엇을 생각하는지 집단 안에서 다른 사람들에게 말해야 할 의무가 있다. 너는 서로 돕는 데 찬성하였으며, 다른 사람에게 그들이 행동하고 말하는 것에 대해 어떻게 생각하는지 밝힘으로써 그 의무를 다할 수 있다.
7. 가능한 한 정직하도록 노력하라. 우리는 너의 마음을 읽을 수 없으며, 감추어진 것들은 우리가 너를 돕지 못하게 할 것이다. 너의 감정들과 생각들을 솔직하게 말하도록 노력하라.
8. 집단치료 안에서든 밖에서든 어떠한 중요한 것이 너에게 일어나고 있을 때 기꺼이 집단도 알 수 있게 하라.

자신이 생각하는 것을 다른 사람에게 피드백하는 방법(피드백 주기)

1. 네가 생각하는 것을 누군가에게 이야기하는 것은 친절한 방법으로 그리고 정직하게 행해질 수 있다. 누군가를 공격하는 것

과 네가 어떻게 생각하는지를 그들이 알도록 하는 것에는 실제적인 차이가 있다.

2. 집단치료 안에서 네가 직접 본 사람들이 행동하고 말한 것들에 대해 이야기하는 것이 보통 더 좋다. 그때 너는 실제의 것을 전할 수 있다.
3. 어떤 집단구성원이 행동하고 말했던 것에 대해 네가 어떻게 느꼈으며 어떻게 생각했는지를 부정적인 표현들("너는 바보처럼 행동했다." 또는 "그것은 어리석었다."라고 말하지 말라)이나 욕을 사용하지 않고 그 사람에게 말하라. "네가 했던 것은 너 스스로 인정하는 것보다 네가 더 화났다고 생각하게 만든다." 또는 "네가 말했던 것은 네가 나를 놀리고 있었고 내 기분을 상하게 했다고 생각하게 한다."고 말하는 것이 좋다.
4. 일반적인 모호한 방식("그는 언제나 말썽을 피운다." 또는 "그녀는 항상 그래.")으로 사람들에 대해 이야기하지 말라. 사람들이 행하고 말하는 실제적인 것들에 대해 말하라("너는 내가 말했던 것을 듣지 않았을 것 같다."). 가능한 한 분명히 하며 집단치료 내에서 일어나고 있는 것에 대해 네가 생각했던 바를 말하는 데 주저하지 말라.
5. 사람들에게 그들이 말하고 행동한 긍정적인 것들에 대해 네가 어떻게 느끼는지를 말하라. 사람들은 또한 다른 사람들이 좋은 방식으로 생각하는 때를 알아야 한다.

자신이 말하고 행동하는 것에 대해 다른 사람들이 말하는 것을 받아들이는 방법(피드백 받기)

1. 그들이 너에게 이야기한 것에 대해 기꺼이 말하라.
2. 사람들이 네가 좋아하지 않는 것을 말해야만 할 때 성내지 않도록 노력하라. 너는 네가 어떻게 다른 사람들에게 영향을 주는지, 그리고 그들이 어떻게 너에게 영향을 주는지를 배우기 위해서 여기에 있다.
3. 너는 사람들이 너에 대해 말한 것에 동의할 필요가 없다. 그러나 네가 동의하지 않는 것이 그들에게 어떻게 보이며 어떻게 느껴지는지를 기꺼이 받아들여야 한다.
4. 누군가가 이야기하는 것을 네가 이해하지 못했다면 그대로 말하라.
5. 네가 행동하고 말하는 것에 대해 그들이 어떻게 느끼는지 너에게 알려 달라고 부탁하라. 네가 그들의 생각을 합리적으로 수용한다면 그들은 너를 대할 때 더욱 주의를 기울일 것이다.

집단치료 계약

이 계약은 치료의 목표들, 제공되는 치료 방식, 비밀 정보의 취급, 포함된 부분에 대한 적절한 기대들과 책임들에 대해 (a) 청소년과 집단치료, (b) 부모와 보호자, (c) 치료사들에 의한 이해, 동의 그리고 의사소통이 증진되는 것을 돕기 위해 작성된다.

치료의 목표: 집단치료 과정 중에 청소년은 치료사들과 집단구성원들의 도움으로 해결하고자 동의한 문제들에 대해 말하고 생각하고 해결하는 것을 배우는 기회를 가질 것이다. 우리는 집단구성원들이 자신을 도울 거라고 생각하는 같은 방법으로 동료 집단치료 구성원들을 당연히 도울 것이다. 구성원들은 말하기를 원하지 않는 것에 대해 강제로 말하지 않는다. 우리는 청소년이 자발적으로 하지 않으려는 것을 할 수는 없지만 집단치료는 그가 변하기를 원하는 대로 변하도록 돕는 데 유용하다.

자발적으로 참여하고 노력하는 구성원들에게서는 대개 12~16회기(주당 1회) 후부터 작은 변화들이 보인다. 대게는 구성원들이 보통 8회기 내에 집단에 대해 알고 신뢰하며 중요한 이슈들에 대해 말하기 시작한다. 그리고 6개월~1년 동안은 지속적인 변화가 나타나지 않는데, 집단에서 배우게 된 변화의 방법이 지속적으로 유지되기 위해서는 많은 시간이 걸린다. 집단 안에서 치료사들은 직접적인 충고나 명령을 하지 않는다. 오히려 그들은 사람들이 자신의 문제들, 다른 사람들 그리고 구성원 자신이 스스로 변화할 수 있는 방법들을 알게 하는 것을 돕기 위해 집단 안에서의 역동들과 기술들을 사용한다.

청소년들과 부모들의 기대와 책임들: 청소년은 집단치료에 일주일에 한 번씩 규칙적으로 참석하며, 감정과 문제들을 이야기하고 다른 사람들의 말을 들으며, 그리고 그들을 돕기 위해 노력하리라 생각된다. 만약 구성원이 한 회기를 빠져야 한다면 집단구성원들이 걱정하기 전에 미리 연락하여 그 이유를 알리는 것이 바람직하다. 구성원은 이후에 다소 바뀔 수 있지만 계속 노력해야 할 문제들을 선택해야 하며 집단 안에서 자발적으로 토론해야 한다. 부모나 보호자들은 청소년이 원하지 않는 어떤 것을 집단에 기대해서는 안 되지만, 청소년이 집단치료에서 받는 피드백이 부모가 원하는 어떤 상황을 느끼게 하는 일들은 종종 일어난다. 부모 또는 보호자들은 청소년에게 운송 수단을 제공할 것이며, 집단치료에 참가하는 청소년이 계산서의 전부 또는 일부를 지불하는 책임을 가지는 데 동의할 수 없는 경우 정기적으로 지불하게 될 것이며, 필요하다면 부수적인 부모치료에 참여하게 될 것이다. 부모들은 치료과정에서 청소년의 경험에 대해 의문들이나 관심들이 있다면 치료사들에게 연락하는 것이 바람직하다.

비밀보장: 부모는 치료사들, 집단구성원들 그리고 자신들의 자녀가 쓴 편지들을 집단에서 정기적으로 받게 될 것이다. 그 편지는 일반적으로 자녀가 어떻게 지내고 있는지, 부모가 자녀를 위해 어떠한 것을 이해하는 것이 도움이 될 것인지에 대해 전해 듣게 된다. 집단 안에서 논해진 모든 것들은 비밀이고 기밀이며, 청소년이 동의하지 않는다면 부모에게 알리지 않을 것이다. 이 규칙에 대한 유일한 예외는 청소년이 자신이나 다른 사람들을 위험에 빠뜨리거

나 해롭게 할 수도 있는 무언가를 말할 경우다. 그때 치료사들은 부모에게 말하거나 다른 행동을 취할 의무를 가진다. 부모는 설명 범위 내에서 언제라도 의논하기 위해 치료사에게 연락할 수 있다.

구성원 개인의 목표들: 내가 집단치료 안에서 계속 노력하고자 원하는 것들은(청소년 자신의 목표를 작성하며, 적어도 두 가지 목표를 선택해야 함):

우리는 작성된 치료 계획을 읽었고 그것을 이해하며 동의합니다.

서명:

부 또는 보호자	날짜
모 또는 보호자	날짜
청소년	날짜
치료사	날짜
치료사	날짜

청소년 집단치료 계약

1. 초기 의무참여 시간: 집단치료가 어떻게 도움이 될 수 있는지에 대한 느낌을 갖기 위해서는 합리적이고 적절한 시간이 필요하다. **나는 첫 6회기까지 참여할 것을 서약하며 만약 이것을 이행하지 않더라도 6회기에 해당하는 비용을 지불해야 하는 것에 동의합니다.**
2. 집단 참여 시 지켜야 할 사항: 집단치료 구성원들은 집단에 참여함으로써 즉시 서로에게 의미 있는 사람이 된다. 집단 개입과 일관성의 중요함 때문에 집단구성원들은 정시에 모든 집단 모임에 참가할 책임을 져야 한다. **나는 이 시간이 치료사가 집단을 위해 미리 예약한 것이기 때문에, 어떠한 이유에서든 불참한 어떤 회기에 대해서도 비용을 지불해야 한다는 것을 이해합니다.** 구성원들은 때때로 어떤 중요한 상황 때문에 집단 모임이 일시적으로 취소될 경우 미리 취소 통지를 받을 것이다.
3. 치료의 종결에 대한 결정과 지켜야 할 사항: 치료 목표는 시작 시에 집단구성원, 부모 그리고 집단치료자들에 의해 확인된다. 집단구성원은 주기적으로 집단과 치료사들에게서 치료 목표를 향한 그의 발달에 대한 피드백을 받는다. 종결을 위한 추천은 개인의 목적이 달성되었다는 만족스러운 완성에 대해 일치된 동의가 있을 때 결정된다. 초기의 6회기가 지나고 나면 정해진 최소 회기는 없다. 단지 종료 2주 전에 구성원들이

집단을 종료할 의사를 밝히게 하는 것이 필요하다. **나는 내가 집단치료에 종료할 의도를 알린 이후의 2회기에 참가해야 하고 거기에 따르는 치료 비용을 지불해야 함을 이해합니다.** 이유는 집단 경험을 강화하고 구성원 간의 의미 있는 작별을 위함이다.

4. 치료비 지불 방식: 치료 비용은 그 달에 미리, 매 회기마다, 또는 그 달의 마지막 회기에 한꺼번에 지불할 수 있다.

   이 규칙에 대한 유일한 예외는 HMO 보험회사에서 지불하는 구성원들의 경우다(HMO에 대해 첨부된 규칙들을 참고하시오).

5. 비밀보장: 집단치료가 안전하다고 느끼게 하기 위해서는 집단 구성원들이 그들의 비밀이 보호될 것이라고 믿어야 한다. **나는 집단과정 동안에 동료 구성원들이 말한 어떤 것도 집단 밖에서 토론하지 않을 것에 동의합니다. 나는 나의 일과 집단치료 지도자의 비평만을 토론할 수 있습니다.**

6. 부모 모임: 집단 지도자들은 정기적으로 부모들과 만날 것이다. 부모들이 어떻게 치료가 진행되고 있는지, 치료에 대해 어떻게 이해하는지를 아는 것은 중요하다. 동시에 집단 지도자들은 치료 중에 개방적이고 정직한 토론을 위하여 비밀을 보장해야 한다. 그러므로 집단지도자들은 무엇을 폭로하고 비밀을 유지하는가에 대해 자신의 판단을 사용할 것이다. 어떠한 부정적이거나 불법적인 활동들도 폭로될 수 없다. 그러나 예외들이 있다. 환자가 심각하게 자신이나 타인들을 다치게 할 의도의 징후가 보이거나 아동 학대가 의심될 경우, 집단치료 지도자들은 부모 또는 적절한 관계 당국에 통지하여야 한다.

효과적인 집단치료를 위해서는 부모의 규칙적인 협조가 필수적이다. **나는 적어도 6주일에 한 번 집단치료 지도자와 함께 부모 모임에 참가하는 데 동의합니다.** 때때로 어린이 위탁 또는 가족 간 갈등 문제는 더욱 빈번한 참여를 불가피하게 할 수 있다. 이러한 징후가 있다면 심리적 또는 의학적 평가를 위한 권고가 이루어질 것이다.

7. 관계와 과제: 동료들에 의해 제공되는 지지와 대인관계 기술의 연습은 치료의 중요한 부분이다. 집단구성원들은 회기 사이에 서로 연락하도록 할 수 있다. 집단구성원들 간의 데이트와 연애는 치료를 분열되게 할 수 있다. 그러나 집단구성원들은 모든 감정적으로 중요한 내용을 열린 토론과 탐구를 위하여 집단으로 가져오도록 해야 한다.
8. 시간과 치료 비용: 이 집단치료에 대한 치료 비용은 ________이고, 회기시간은 90분이다. 이 집단은 ____(장소)____ 에서 모임을 갖는다.
9. 부모에게: 임상감독은 집단이 만나고 있는 시간 동안만 제공될 수 있을 뿐이다. 그러므로 정시에 청소년들을 데려오고 데려가야 한다. **어떤 관심, 질문 또는 제안이 있을 시 언제라도 연락하십시오. 부모의 지지와 함께하는 집단치료는 청소년에게 매우 긍정적인 경험이 될 수 있습니다.**

서명:

____________________ ____________________

부 또는 보호자 날짜

____________________ ____________________

모 또는 보호자 날짜

____________________ ____________________

청소년 날짜

____________________ ____________________

치료사 날짜

____________________ ____________________

치료사 날짜

참고문헌

Corder, B. F. (1987). Planning and leading adolescent therapy groups. In P. A. Reyman (Ed.), *Innovations in Clinical Practice: A Source Book* (Vol. 6, pp. 177−196). Sarasota, FL: Professional Resource Exchanges.

Corder, B. F., Whiteside, R., & Vogel, M. (1977). A therapeutic game for structuring and facilitating group process. *Adolescence, 17,* 261–286.

Gauron, E., & Rawlings, K. (1975). A procedure for orienting new members to group psychotherapy. *Small Group Behavior, 3,* 293–307.

Sugar, M. (Ed.) (1975). *The Adolescent in Group and Family Therapy.* New York: Brunner/Mazel.

6 부모와 다른 사람들에게 피드백을 주는 것

집단에 참여하는 청소년들의 부모 대부분은 일반적으로 청소년의 집단 참여 시 가능한 한 많은 직접적인 피드백을 원한다. 앞 장에서는 치료 프로그램에 대한 오해와 비실현적인 기대를 피하기 위해 프로그램 참가에 관한 지속적인 피드백을 부모에게 제공하는 이점들을 개략하였다. 많은 임상 환경에서는 아이와 부모를 위해 각기 치료사를 배정하는 '아동 가이던스 모델' 을 활용한다. 하지만 이 모델은 청소년이 부모와 치료사에게 사용하는 의사소통에 차이가 있다는 것과 부모를 집단에 포함시키는 데 치료사의 수와 비용이 추가로 든다는 것 등의 단점이 있다.

대안이 될 수 있는 접근은 집단치료사들이 때때로 청소년 구성원의 부모와 만나는 것이다. 그러나 어떤 치료사들에게는 현재 담당하고 있는 클라이언트의 부모 모임을 추가하는 것이 불가능할 수 있다. 또 다른 접근은 청소년 집단치료사와 함께 또는 개별적으로 협조적인 부모 집단 모임을 갖는 것이다. 그러나 이러한 접근에서 부모들은 때때로 자신의 아이에 대해, 그리고 상황에 관련된 특정한 문제해결 기술들에 대해 개인적으로 집중할 수 있는 시간이 부족하다고 불평하였다.

저자와 동료들은 집단구성원의 부모를 만나는 것을 선호하고, '부모의 뜨거운 의자' 라는 프로그램을 통해 부모가 갖는 무거운 책임에 따른 입장을 소개하면서 적어도 한 회기 동안 각 부모가 청소년 집단에 참여하는 기회를 갖게 한다. 이는 다음의 과정으로 이루어진다. (a) 각 청소년 집단구성원은 과정의 부분으로서 부모와 함께 특정한 문제를 개략한다. (b) 집단치료에서는 질문에 대답하고 부모와 청소년 환경의 상호작용에 대한 관심들을 목록으로 만든다. (c) 이런 질문들과 화제들의 목록이 집단에 의해 작성되고, 또 '부모의 뜨거운 의자' 회기 안에서 부모의 무거운 책임성을 다루는 '부모 보호자', (d) 회기 동안 집단구성원의 과도한 스트레스나 불안을 다루는 '구성원 보호자' 를 할당한다. (e) 부모는 집단치료에 참가하고, 집단에서 나온 이슈를 드러내며, 가능한 접근들과 타협들을 탐색하고, 계속적인 관심사를 목록으로 작성할 뿐더러 자녀에 대해서 긍정적인 말을 하도록 요청받는다.

저자는 다양한 형태의 피드백을 탐구하였다. 기관 환경 내에서 피드백을 위해 부모와 관리자들에게 사용된 구조화된 편지의 예를 99~103쪽에 실어 놓았다. 이러한 편지 내용은 치료사가 작성하는데, 집단구성원에 대한 피드백으로 서식의 한 부분을 완성하고, 두 번째 부분에서는 집단치료와 구성원에 대한 치료사와 구성원의 평가를 공유한다. 집단치료 평가기간 동안 집단구성원들 역시 자신들의 발달과 참여에 대한 자체 평가를 언어로 표현한다.

우리는 부모와 청소년과 집단치료를 함께 공유하기 위하여 언어적인 접촉도 필요하지만 104~106쪽에 있는 부모로부터의 '회신서식들' 역시 도움이 될 수 있다.

학교와의 연락 및 다른 기관들과의 피드백

청소년에게 환자 관리자로서의 담당자가 없다면, 또는 집단치료가 개인치료와 함께하는 부수적인 치료라면 집단치료 치료사는 많은 환경적인 간섭과 연락에 대한 책임에 직면하게 된다. 집단치료 구성원들은 수업 태도에서는 뛰어난 변화를 이룰 수 있지만, 여전히 학문적 기술에서는 지체될 수 있고 집중적인 치료가 필요할 수 있다. 환자를 위한 과외 활동과 특정한 계획 수립의 필요는 그들의 환경에서 더 많은 구조화를 필요로 하는 많은 구성원에게 문제가 될 수 있다. 부모와 의사들과 함께하는 피임법에 대한 자세의 탐구와 선택 사항들은 적어도 치료사들과 약간의 초기 정보 교환을 필요로 할 수 있다.

집단치료 과정에서 환경적 개입(치료사, 의사, 간호사 등의 지지적인 환경)이 버팀목이 된다는 것은 집단치료에서 관찰되는 가장 주목할 만한 수확이다. 치료사들은 이런 형태의 연락 업무 계획을 세우는 것이 좋다. 회기의 계획 수립, 전화 통화, 기타 여러 가지 일들은 곧 엄청난 양의 시간을 의미한다. 나의 경험으로는 연락 담당 직원과 환자 관리자가 없을 때 이러한 업무들이 치료사들의 시간을 가장 많이 낭비하게 만들었다. 이런 점은 아마도 사설 치료 부문에서 운영되고 있는 성인 집단치료보다 청소년 집단치료가 더 적은 주요한 이유 중 하나다. 이런 시간과 에너지의 투자도 치료사에게 최소한의 재정적인 보상으로 끝날 때가 종종 있다.

따라서 치료사들은 청소년들의 넓은 범위의 지지적인 경험을 위한 지역 프로그램과 관련된 정보들을 수집해야 한다. 여기에는 자존감 형성과 숙련의 감정들을 발달시키기 위한, 그리고 창조적인 방식으로 청소년의 방과 후와 여름방학 시간을 구조화하기 위한 과외 프로그램들을 포함할 수 있다. 치료사들의 이러한 업무는 지역 연극학교들, 모범학교들 그리고 교정 및 대안 교육을 위한 프로그램들은 물론, 미술 프로그램들의 장점과 명성을 조사하는 것을 포함한다.

집단치료사들이 부모들과 치료 회기에서 서로 협조적으로 만나고 있다면 이 정보 레퍼토리는 매우 유용할 것이다. 또한 치료사들이 군 또는 시 학교 시스템 내의 지역적인 규칙과 규제에 대한 넓은 지식을 가지는 것 역시 중요하다. 왜냐하면 종종 청소년의 학교 배정을 변경할 때 적절한 교정 프로그램을 가진 학교를 찾는 것을 도울 수 있으며, 간단한 정신치료 입원 또는 다른 특별한 고려 사항이 필요할 수 있는 십대를 위하여 정상적인 학교 수업에서 특별한 처방을 요청하는 것을 도울 수 있기 때문이다.

평가 서신

친애하는 치료 팀과 부모 또는 보호자에게:

집단치료가 어떻게 진행되고 있는지 보고하기 위해 우리는 이 편지를 __주 간격으로 여러분에게 보낼 것입니다. 이 편지는 집단치료 치료사, 청소년 집단치료 구성원들 그리고 여러분의 자녀들이 쓰게 될 것입니다. 우리들은 일반적인 관심 분야들과 구성원의 개인적인 목표들에 대한 발달을 검사할 것입니다. 집단치료 안에서의 어떠한 비밀 자료도 동봉되지 않을 것입니다. 우리가 이전에 동의했던 것처럼 청소년이 자신을 해치거나 다른 사람을 파괴하는 행동에 대한 정보는 비밀의 규칙에서 제외됩니다. 이 편지에 대해 어떤 의문이라도 가진다면 ______에 있는 _______에게 연락하십시오. 또한 편지에 관한 모든 상담은 관련된 집단구성원과 토론될 것입니다.

집단치료 치료사들이 작성함:

일반적으로 (　　)는 집단치료 참여도와 출석 수준에 의해 다음을 보여 준다.

____

____

집단치료 내에서 다른 젊은이들과 함께 (　　)는 집단을 위한 다음 수준의 빈번한 언어적 입력을 보여 준다.

____

____

집단치료 내에서 한계 설정에 대한 반응:

____

____

집단과 피드백을 주고받는 능력:

____

____

일상의 문제들을 토론하고 다루는 능력:

____

____

(　　)에게 진실로 중요한 것들을 내놓고 토론하는 능력:

____

____

자신의 행동에 대한 책임을 이해하는 능력:

____

____

다른 평가들:

치료사들의 도움으로 집단치료 구성원들이 작성함(두 항목 중에 구성원을 가장 잘 표현하는 항목에 체크 표시를 하시오.):

좋은 성취도를 보여 줌	개선이 필요함
□ 신속하고 시간을 잘 지킨다.	□ 좀처럼 시간을 지키지 못한다.
□ 예의 바르고 정중하다.	□ 다른 사람의 말을 중단시키고 예의가 없다
□ 도움이 되는 방법으로 다른 사람에게 피드백을 준다.	□ 기분 상하게 다른 사람을 비평한다.
□ 중요한 것들에 대해 말한다.	□ 너무 많이 놀고 잡담을 한다.
□ 기꺼이 감정을 말한다.	□ 감정에 대해 말하지 않는다.
□ 집단치료 내에서 대부분의 시간 동안 성숙한 행동을 보여 준다.	□ 집단치료 내에서 대부분의 시간 동안 미성숙한 행동을 보여 준다.

다른 평가들:

집단치료 회원이 개별적으로 작성함:

내가 집단치료에서 노력하기 위해 선택한 특정한 문제 분야들 중 다음에 대해 계속해서 노력하고 있었다고 느낀다.

____

____

내가 집단치료 내에서 어떻게 하고 있었는지를 다음과 같이 표현할 수 있다.

____

____

내가 집단치료 내에서 계속해서 노력하고 싶은 것들:

____

____

내가 가정에서 변하고자 노력하고 싶은 것들:

____

____

서명:

____________________ ____________________

집단치료 회원 날짜

____________________ ____________________

집단치료 회원 날짜

부모의 회신 서식

날짜: ______________

수신: ______________, 치료사들 그리고 청소년 집단치료 회원들

나는/우리는 여러분의 최근 편지를 읽었으며 다음과 같은 평가를 하고 싶습니다.

나는/우리는 가정과 학교에서 ________ 의 행동에 대한 나의/우리의 인지를 다음과 같이 표현하고자 합니다.

____

____

다음은 내가/우리가 여러분의 최근 편지를 받은 후 가정과 학교에서 본 변화입니다.

____

____

내가/우리가 그에 대해 최고라고 느끼는 것들:

____

____

내가/우리가 여전히 걱정하고 있는 것들:

내가/우리가 그가 집단치료 내에서 노력하는 분야 중 가장 보고 싶은 것:

내가/우리가 집단치료와 치료사가 다루는 것에 대한 제안들 중 가장 하고 싶은 것:

내가/우리가 그에게서 가장 이해와 도움을 필요로 한다고 느끼는 것:

내가/우리가 집단치료와 그에게 말하고 싶은 그에 대한 좋고 긍정적인 것:

추가적인 평가, 관심, 칭찬 그리고 기타:

서명:

______________________	______________________
부 또는 보호자	날짜
______________________	______________________
모 또는 보호자	날짜

7 청소년 집단치료를 위한 사전 · 사후 검사

집단구성원 개인들을 위한 집단 개입의 효과를 평가하는 것으로 청소년 집단치료의 발달 척도를 개발하는 것은 매우 중요하다. 불행하게도 사용 가능한 많은 도구들은 개인치료의 중점이 될 수 있는 특정한 목표에 민감하지 않고, 앞서 설명한 중요한 치료 요인들이 집단치료 내에 있는지의 여부를 반영하지 않고 있다. 많은 치료사들은 집단치료에서 특정한 목표들이 측정될 수 있다는 것을 증명하기 위해 사전 · 사후 검사 도구들을 개발한다. 청소년 집단치료에서 사용하는 척도의 예들은 청소년이 작성한 특정 목표들에, 부모가 청소년에 대해 이야기한 문제들에, 그리고 집단치료 안에서 개인 기능의 평가에 초점을 둔다(109~111쪽의 사전 · 사후 평가 도구 참고).

이러한 단순한 사전 · 사후 검사는 집단에서 발생할 수 있는 많은 미묘한 변화들을 측정하지는 않지만 치료 요인들과 관련된 부분들을 측정할 수 있다. 그러나 이것은 청소년과 부모들에 의해 동일시된 특정한 목표들과 문제에 대한 변화들을 말해 준다.

Tennessee 자아개념 척도(Tennessee Self Concept Scale; Fitts, 1874)와 Devereux 청소년 행동평가 척도(Devereux Adolescent Behavior Rating Scale; Spivack, Spotts, & Haimes, 1967)는 우리가 발견한 효과적인 척도들이다.

집단 내의 기능을 평가하기 위하여 어떤 도구를 선택하더라도 자신의 성장을 위하여 객관적인 발달 척도를 갖는 것은 매우 중요하다. 당신은 어떠한 치료 요인들이 없는지 확인할 수 있어야 하며, 더 많은 초점 또는 추가적인 개입을 필요로 하는 집단치료 구성원들을 확인할 수 있어야 한다. 이 척도는 당신의 집단치료 접근과 기술에서 특정한 욕구와 결핍을 부각시킴으로써 연구 과제들을 계획하는 것을 도울 수 있다.

사회기술 발달 측정을 위한 추가적인 도구들

사회기술 발달을 측정하기 위해 사용되었고 집단 개입의 효과를 평가하는 데 도움이 될 수 있는 도구들이 다음에서 논의될 것이다.

청소년 문제 목록들(Freedman et al., 1978)

이 검사에서는 44개의 문항이 사용된다. 각 문항은 장면, 인물들, 역사 그리고 목표들을 큰 소리로 읽고 주제들에서 선다식 대안 중에 최고의 답안을 선택하도록 되어 있다. 이 검사는 초기에 남성에게 사용되도록 개발되었는데, 태만자와 비태만자 모집단을 구별하기 위해 개발되었기 때문에 더 나은 기능을 가진 집단구성원들의 미묘한 변화를 측정하는 능력이 부족할 수 있다.

소녀들을 위한 선다식 문제 목록(Gaffney, 1984)

소녀들의 사회적인 능력을 측정하는 이 도구는 피검자에게 설명된 일련의 대인관계 갈등과 관련된 내용을 요구한다. 답변은 5점 척도로 순위가 정해지고, 점수들은 태만자 모집단에 대한 응답자의 인지 행동의 유사성을 표시한다. 이런 형태의 목록은 실제의 행동 변화들을 측정하기 위해 환경 안에서 다른 사람에게 추가적인 정보를 요구하겠지만, 대인관계의 갈등 상황들 속에서 받아들일 수 있는 행동 대안들의 지적인 이해를 평가할 수 있어야 한다.

청소년의 사회기술 검사(Whiteside, 1987)

Whiteside는 청소년들의 사회적 기능 능력을 측정하는 검사를 개발하였는데, 일반적인 청소년들의 사회기술과 사회적 판단을 측정한다. 이 검사는 대인관계에서의 문제해결 기술들을 측정하는 데, 청소년들에게 많은 갈등 상황들에 대한 최선의 해결책을 요구한다. 소책자는 네 가지 해결 가능한 대안과 함께 다양한 분쟁의 시나리오들을 예로 설명한다. 그 청소년 자신의 행동을 가장 잘 설명하는 해결책이 선택된다. 선택된 답들은 청소년의 사회적 행동들을 특징지을 수 있는 개개인의 성향을 보여 주는 점수들로 산출된다.

1. 적절한: 설명된 시나리오에 대한 효과적이고 건강한 사회적 반응들
2. 도전적인: 공격적이고 권위에 대항하는 반사회적인 반응들
3. 회피하는: 직면을 회피하는 경향이나 사회적으로 자신들을 고립시키려는 경향들
4. 잘못 인도된: 미숙하거나 비합리적이고 비효과적인 빈약한 문제해결

이러한 측정방법의 장점은 매우 많은 규범적인 표본이 주어졌다는 것과 신뢰성 및 타당성에서 다른 척도들과 비교가 용이하다는 것이다. 단점은 자신의 행동에 대한 응답자의 '인지'를 측정한다는 것이며, 환경에서 관찰된 행동의 다른 측정(선생, 부모의 등급 등)이 보충되어야 한다는 것이다.

코더 – 화이트사이드
사전 · 사후 청소년 집단치료 평가

이름: ______________________ 날짜: ______________

치료사들: 코더와 화이트사이드

집단치료 이전 / 집단치료 이후
문제와 기술 분야들의 검사

문제	발생 빈도(하루, 일주일, 한 달에 몇 번)
부모와의 논쟁/갈등	하루____ 일주일 ____ 한 달 ____
정학	하루____ 일주일 ____ 한 달 ____
대마초 흡연	하루____ 일주일 ____ 한 달 ____

목표 진술: 부모와의 갈등을 줄이고, 정학 처분을 받지 않으며, 대마초 흡연에 대한 의존을 줄인다.

기술 등급의 수준

5 = 효과적이고 일관적인

4 = 효과적이고 비일관적인

3 = 증명되기 시작하는

2 = 증진을 필요로 하는

1 = 심하게 결핍된

증명된 대인관계 기술	기술 등급의 수준
감정을 언어화하고 표현하는 능력	
집단치료에서 다른 사람에게 피드백을 주는 능력	
다른 사람에게서 피드백을 받고 사용하는 능력	
행동 변화들을 시도하는 자발성	
자신에 대해 긍정적인 말을 하는 능력	
나이에 적절한 사회적 기술을 보여 주는 기초적인 능력	
분노를 통제하는 능력과 자발성	
집단치료 밖에서 다른 사람과 대화하고 상호작용하려는 시도들	
명백히 약물에 대한 의존성을 보이지 않음.	
학교에서 성취하기 위해 노력함.	
부모와 긍정적으로 상호작용함.	

증명된 문제해결 기술	기술 등급의 수준
모든 관점에서 문제를 보는 능력	
갈등 중인 문제들을 언어로 표현하는 능력	
공손하고 긍정적인 태도로 필요성을 표시하는 능력	
해결책들을 암시하는 능력	
타협을 위해 다른 사람에게 보상하는 능력	
타협을 다루는 능력	

참고문헌

Fitts, W. H. (1974). *Tennessee Self Concept Scale.* Nashvile, TN: Counselor Recording and Tests.

Freedman, B., Rosental, L., Donahoe, C., Schlundt, D., & McFail, M. (1978). A social-behavioral analysis of skills deficits in delinquent and nondelinquent adolescent boys. *Journal of Consulting and Clinical Psychology, 46,* 1448-1462.

Gaffney, L. R. (1984). A multiple-choice test to measure social skills in delinquent and nondelinquent adolescent girls. *Journal of Consulting and Clinical Psychology, 52,* 911-912.

Spivack, G., Spotts, J., & Haimes, P. (1967). *Devereux Adolescent Behavior Rating Scale.* Devon, PA: The Devereux Foundation.

Whiteside, R. (1987). *Development and Validation of an Illustrated Multiple Choice Test of Social Skills Knowledge of Adolescents.*

Unpublished doctoral dissertation, North Carolina State University, Raleigh, NC. Additional information may be obtained from Whiteside and Daniel Associates, 4301 Lake Boone Trail, Raleigh, NC 27607.

8 집단치료 과정

집단치료의 시작 단계

많은 청소년 집단치료의 시작 회기에는 낄낄거림, 신경질적인 태도, '전염되는 어리석음' 등으로 집단 작업을 시작하는 데 어려움이 나타날 수 있고 매우 높은 수준의 불안이 나타날 수 있다. 집단의 초기 상황에서 클라이언트들은 자기중심적이고 다른 사람들의 요구에 대한 반응 수준이 낮은 경향이 있다. 이 책에서 설명한 구조화된 치료 집단들은 집단의 이해와 피드백을 구체적으로 제공함으로써 이러한 행동들을 감소시킬 수 있다. 초기 집단의 구성원들은 서로에 대해 긍정적인 피드백보다는 오히려 부정적인 피드백을 사용하는 경향이 있다. 집단의 강한 응집력이 발달하기 전에는 자신의 환경과 행동에 대한 정보를 공유하기가 어렵다. 그러므로 초기 단계에서 지도자의 일반적인 역할은 다음과 같다. (a) 구조화된 기술들을 제공함으로써 집단에게 안전감을 제공한다. (b) 집단의 불안 수준을 다룬다. (c) 구성원 개개인의 자존심을 보호하기 위하여 집단의 긍정적인 대화 방법을 안내하고 변화시키면서 안정감 있는 집단 발달을 유지한다. (d) 언어로 표현되는 내용과 집단과정의 행동을 평가한다. (e) 초기 단계의 모델링을 격려한다. (f) 주어진 역할들을 다루도록 구성원들을 훈습한다.

초기 단계에서 치료사는 구성원들이 느낌을 나누고 상호작용을 배우며 함께 공유할 수 있도록 도와야 한다. 집단은 자체의 규칙들을 설정하고 집단이 공유할 목표를 개발함으로써 독창성을 수립하도록 해야 한다. 개인의 목표는 치료 전에 계약서에 작성되어야 하며, 공통된 집단 목표로 확장될 수 있다. 우리의 경험으로는 구조화된 집단치료에서 집단구성원에게 정확한 '역할'이 주어질 때 더욱 더 효과적으로 모든 역할들을 배우게 된다. 여러 가지 역할은 집단치료의 임무를 반영하며, 점진적으로 집단이 치료사의 기능들을 다루는 것을 허락한다. 각 역할들은 규칙 시행자, 격려하는 자, 보호자 등으로 정의된다.

집단치료의 중간 단계

대부분의 집단치료에서 중간 단계 작업은 집단의 응집력이 적절하게 발달되고 집단구성원들 사이에 매우 깊은 수준의 친밀감이 발달된 후에 시작된다. 이 시점에서 구성원들은 상호 교류, 대립 그리고 상호 경험의 공유를 위하여 피드백을 주고받는 데 충분한 기술들을 보여 줄 수 있어야 한다.

지도자의 역할은 집단이 임무를 계속하게 하고, 집단구성원의 개별적 경험 안에서 공통된 주제들을 찾도록 집단을 격려하며, 협상력을 위한 기술들을 훈습시키고, 단순한 카타르시스를 넘어 구성원들의 감정과 반응들을 탐색하도록 돕는 것이다. 구조화된 청소년 집단치료에서는 구성원 각자를 위한 개인적 목표에 집중할 필요가 있다. 목표는 집단과 개인의 평가를 비롯하여 많은 연습을 계속하는 공통된 집단치료 작업을 포함한다. 구조화된 청소년 집단에서는 구성원들의 협상 연습의 실행과 작업을 위해 회기에 부모들이 참여할 것을 기대한다. 어떤 연습들은 행동과 결과들에 대해 구성원들 간에 더욱 격렬한 대립이 허락된다.

'과제' 는 이러한 집단치료에서 더욱 복잡하게 요구될 것이며 성공과 어려움에 대해 집단에 제출하는 보고서를 포함한다. 구성원들이 더 많은 통찰력과 더 충분한 언어기술을 증명하고 치료사들에 의한 모델링된 기능들을 수행하는 데 더 많은 기회를 가졌기 때문에 더욱 복잡한 역할 분담이 구조화된 청소년 집단치료 내에서 만들어진다. 이러한 점은 다른 면을 보는 자, 결론을 내는 자, 내면의 목소리 등과 같은 역할 명칭들에서 알 수 있다.

집단치료의 종결 단계

집단치료의 중간과 종결 단계에서 구성원들 사이에 발달된 깊은 동맹으로 집단 밖에서의 부적절한 관계 또는 성적 접촉을 통제하는 데 어려움이 발생할 수 있으나, 일반적으로 모든 구성원들 사이에 생긴 깊은 친밀감과 응집력은 생활에서 만족스럽고 지지적인 요소가 된다. 구성원들은 집단과정에 점점 더 몰두하게 되고, 구조화된 집단 내에서 연습과 역할극 그리고 다른 기술들에 대한 제안을 하기 시작한다. 집단 내에서 목표들을 달성하고 동료 지도자로 활동을 계속하는 구성원들은 치료사의 기능들(역할 분배, 역할 수행 시나리오의 설계 등) 중 어떤 것들을 책임지라고 요청받을 수 있다. 다른 구성원들이 자신의 목표를 달성하고 집단을 떠날 준비를 할 때 작별 의식들이 수행되는데, 이러한 의식은 대인관계 기술을 실행하고 숙련하는 기회를 제공한다. 이 단계는 구성원들의 대인관계, 문제해결의 숙련과 집단구성원의 행동 양식에 대한 통찰력 발달의 통합 및 훈련으로 특징지을 수 있다.

문제 행동에 대한 반응

이 논의는 치료사들의 역할과 기능 그리고 공동치료사들 사이의 공동치료 작업을 개략한 제2장에 포함된 여러 형태의 공동치료 관계에 대한 이슈들을 공동치료사들이 언급했다는 가정하에 시작한다. 구조화된 청소년 집단치료 내에서 청소년을 다루기 위해 사용했던 공통된 문제들과 접근 방법들은 다음과 같다.

당신은 집단의 불안 수준을 어떻게 평가하고 제어합니까?

집단 내에서 고조된 구성원들의 활동과는 반대로, 오랜 침묵과 대화의 감소는 집단에 대한 구성원들의 스트레스 수준을 예측할 수 있다. '오락' 토론 중 낄낄거리며 비난하거나 미숙한 태도를 보이는 것은 집단 지도자의 개입이 필요하다는 징후들이다. 치료사들은 증가된 긴장의 원인을 탐색한 후에 이전 장들에서 설명한 특정 역할 수행 연습들이나 구조화된 기술들을 도입할 수 있다. 증가된 구조화 안에서 구성원들은 자발적인 상호작용에 심하게 압박받지 않고 스트레스를 덜 주는 체계 속에서 청소년의 반응들을 인식할 수 있다.

당신은 언어로 집단을 독점하는 구성원을 어떻게 다루겠습니까?

독점자의 장황한 언어 사용이 문제가 되기 전에 지도자가 그에게 "이것들은 중요한 이슈들이다. 구성원들이 의견을 어떻게 이해하고 있는지, 그리고 너와 어떤 감정들을 나눌 수 있고 어떻게 느끼고 있는지 집단 내의 다른 사람들과 의견을 나누어 보자."라고 말하면서 중단시키는 것이 도움이 된다. 언어로 독점하려는 행동은 구조화된 집단치료 내에서 문제가 덜되는 것 같다. 왜냐하면 구조화된 집단치료에서는 각 구성원에게 할당된 역할이 있고, '구성원의 뜨거운 의자(Member Hot Seat)' (제9장 참고)와 같은 기술들은 잠재적으로 집단치료를 붕괴시킬지 모르는 행동들을 주기적으로 검사하기 때문이다.

당신은 따돌림당하는 구성원을 어떻게 다루겠습니까?

따돌림은 구성원의 기능이 집단치료의 표준에서 벗어날 때나 구성원이 집단 상호작용에 효과적으로 참여할 수 없을 때 발생하는 경향이 있다. 구조화된 역할의 분배는 각 구성원이 집단 내에서 중요한 의견 제시(input)를 하는 것을 허락하며, 그러한 의견 제시를 할 수 있도록 구성원을 훈련하는 체계를 제공한다. 이러한 구조는 구성원이 무시되거나 집단치료 상호작용에 기여할 수 없게 하는 가능성을 감소시킨다. 특정 구성원이 공격을 받고 있거나 매우 집중된 태도로 다른 구성원과 대립하고 있는 것처럼 보이면 그 공격자를 '구성원의 뜨거운 의자' 에 두고 집단구성원들이 공격자의 동기와 적대적 행동을 검토하는 것이 가능하다.

당신은 신체적으로 공격하는 구성원을 어떻게 다루겠습니까?

신체적 공격에 대한 규칙은 초기 회기에 제시되는 전형적인 집단 규칙 중 하나다. 어떤 구성원이 이 규칙들을 따르지 않는다면 규칙 시행자에게 경고를 받은 후에 공동치료사들 중 한 명이 대개는 흥분한 구성원을 데리고 나갈 것이다. 그리고 집단은 나머지 다른 치료사와 함께 계속 집단치료를 진행한다. 추방된 구성원에 대해서는 공격의 원인을 간단히 탐색한 후에 그 자신의 행동을 재구성할 기회를 준다. 그가 자신의 행동을 다룰 수 있고 집단과 함께 그 원인들을 탐구하는 것이 도움이 된다고 느껴지면 집단으로 복귀할 수 있다. 그러나 그 구성원이 이런 과정을 할 수 없다면 그 회기의 남은 시간 동안 집단에서 추방될 것이다.

당신은 집단 회기 동안 위축되고 말을 하지 않는 구성원을 어떻게 다루겠습니까?

이러한 상황은 구조화된 집단 안에서 일어날 수 없을 것이다. 왜냐하면 각 구성원에게 회기 동안 수행할 특정한 역할이 주어지기 때문이다. 어떤 구성원이 역할과 언어 표현에 평소보다 더한 어려움을 갖고 있는 것으로 보이면 그 회기 동안 그를 돕기 위한 '구성원 보호자' 로서의 역할이 다른 구성원에게 할당될 수 있다. 특정한 집단구성원으로부터의 공식화된 지지와 격려는 매우 효과가 있는 것으로 증명되었다.

당신은 집단구성원이 갑자기 화를 내고 방에서 뛰쳐나가려는 것을 어떻게 다루겠습니까?

공격적인 폭발을 보인 구성원이 감정과 행동을 진정하는 것을 돕기 위해 한 치료사는 그 구성원과 치료실을 떠나고, 남은 치료사는 그 사건에 대한 집단구성원의 생각과 감정을 탐색하는 것을 돕는다. 보통 그 그성원은 문제가 되었던 행위에 대한 피드백을 주고 받을 수 있을 때 집단으로 돌아올 수 있다.

당신은 집단 내에서 심하게 혼란스러운 집단구성원의 언어적인 혼돈과 정신병적인 사고에 대해 어떻게 반응하겠습니까?

초기에는 치료사들과 집단이 그 구성원을 배려하되 현실에 근거를 둔 방식으로 어떤 비합리적인 말이라도 재구성함으로써 반응할 수 있을 것이다("우리는 이것이 너에게 현실로 느껴지고 있다는 것을 안다. 그러나 우리에게는 그것이 현실적이거나 논리적인 것 같지 않다. 네가 스트레스에 시달리고 있는 것처럼 보이고 혼란스럽고 혼돈스러운 것 같다."). 추가적인 집단의 지원은 '구성원 보호자' 라는 역할을 집단 내 어떤 구성원에게 부여하는 것이다. 그 구성원이 다른 회기에서도 혼돈되고 정신병적 사고의 언어 표현들을 계속한다면, 우리는 그가 치료사가 집단치료 과정을 다룰 수 있다고 느낄 때까지 개인치료를 받을 것을 제안한다. 경우에 따라서 어떤 집단구성원은 입원해야 했으며, 집단은 병원에 있는 그를 방문하고 편지와 카드를 보내며 집단치료 복귀를 격려하면서 계속해서 지지하였다. 한 구성원의 호흡곤란으로 집단은 불안에 휩싸이기도 하지만, 대부분의 집단에서는 그들의 관심사들을 토론할 수 있으며 스트레스가 방어체계에 의해 극복되는 과정을 볼 수 있다. 정신병적인 사고를 가진 구성원에 대한 집단구성원들의 지지적인 행위와 의사소통은 이타심의 감정을 촉진시킬 수 있는데, 이타심은 청소년 집단치료 안에서 치료적 요인으로 확인되었다.

당신은 집단구성원 사이의 성적으로 표출된 행동(sexual acting out)이 집단치료 회기에서 알려지게 된다면 어떻게 다루겠습니까?

이러한 행동은 집단의 규칙들을 위반하는 다른 부적절한 행동과 본질적으로 같은 방식으로 다루어진다. 그 구성원들에게 '구성원의 뜨거운 의자' 역할을 시도해 볼 수 있고, 그들의 표출된 행동의 결과와 동기들을 탐구하며 변화를 위한 협상이 시도된다.

당신은 집단 내에서 성적으로 노골적인 자료가 대두된다면 어떻게 다루겠습니까?

성을 이해하고 다루는 것은 청소년의 기본적인 임무들 중 하나다. 어떤 화제를 언어로 표현하는 규칙들은 초기 집단 회기들에서 집단에 의해 정해진다. 어떤 구성원의 언어 표현(예: 성적인 해부적 구조에 대한 의도적인 상스러운 호칭 또는 성적 행위들의 묘사들)이 원초적이고 받아들여지기 힘들다면, 치료사들은 부적절한 언어에 대한 집단의 규칙을 다시 알려 주기 위해 개입하며 구성원들이 더욱더 수용하는 태도로 관심과 느낌을 재구성하도록 돕는다. 그 행위가 계속되고 집단의 불안 수준이 집단치료의 진행을 방해하는 것으로 나타나면, 치료사는 특별히 불안을 야기시키는 자료와 그 구성원을 집단 밖에서 다루도록 한다. 집단 밖에서 다루어지는 문제의 해결 방식이나 질문에 대해서는 집단에서 상세하게 다루지는 않는다.

당신은 집단치료 안에서 기관이나 다른 직원들 또는 현재의 치료사 중 한 명에 대해 반대하는 불평들과 매우 부정적인 견해들을 어떻게 다루겠습니까?

우리들은 대부분의 문제 또는 무의식적 표출 행동들을 다루기 위해 유사한 기술들을 사용한다. 치료사들은 감정에 대한 적절한 언어 표현을 허락하며, 중요한 문제들을 탐구한 후에 문제해결과 제9장에서 설명되는 협상 단계를 통하여 집단을 지도한다. 우리의 구조화된 청소년 집단치료가 다른 형태의 집단치료와 근본적으로 다른 점은 치료사들의 책임을 공유하기 위하여 집단구성원들을 격려하고 훈련하는 구성원의 역할을 미리 분배한다는 점이다. 제9장에서는 기관 또는 치료사의 관점으로 문제를 설명하도록 하는 '다른 면을 보는 자'와 구성원의 태도와 행동의 가능한 결과에 대한 생각을 나타내는 '결론을 내는 자'와 같은 중요한 구성원의 역할들을 설명한다.

당신은 첫 집단 회기에서 근친 성교 경험들을 토론하기 시작하는 것과 같이 구성원이 집단치료 진행에서 너무 이른 시기에 지나치게 민감한 문제를 드러내는 것을 어떻게 다루겠습니까?

일반적으로 다른 사람들과 관계가 발달하기 전에 너무 개인적인 경험들을 나누는 것은 사회적으로 부적절하다. 집단치료의 목표들 중 하나는 사회적 기술을 가르치고 훈습하는 것이다. 치료사들은 폭로의 양을 제한하고 구성원과 집단 양쪽의 어떤 느낌에 반응하면서 다음과 같이 제안한다. "우리가 너를 더 잘 알게 된 후에 그리고 네가 집단 내의 다른 사람들을 더 잘 알게 된 후에 이것에 대해 이야기하는 것이 너에게 더욱 도움이 될 수 있을 거다. 네가 즉시 이것에 대해 말해야 한다고 느낀다면 너는 집단치료 회기 후에 우리(공동치료사들)에게 말할 수 있다. 그때 우리는 집단 회기 중에 너의 감정과 생각의 어떤 부분을 도울 수 있을지 결정할 수 있다."

집단구성원들은 집단 내에서의 토론을 위해 어떤 주제라도 제안할 수 있는데, 대개의 집단에서 대부분의 문제 양상들을 다룰 수 있다. 특정 집단이 이와 같은 불안을 야기하는 경험을 다룰 수 있을지는 언어로 표현되는 자세함과 명확성, 현재의 집단 응집력과 친밀감의 수준들, 그리고 어려운 문제들을 다루면서 집단이 가졌던 훈련의 양에 따라 달라진다.

어떤 구성원이 다른 형태의 치료에도 참여하고 있다면 어떻게 집단치료의 경험이 통합될 수 있겠습니까?

어떤 개인치료사들은 집단의 구성원이 되는 것은 개인치료 경험을 희석시킬 수 있다고 느낀다. 개인치료에서 최대의 혜택에 도달했다고 느낀 후에만, 또는 클라이언트의 근본적인 문제들이 인간관계 범위 안에 있다고 느낄 때에만 개인치료사들은 클라이언트들을 집단에 보낼 수 있다.

집단치료사들은 너무 민감해서 집단 내에서 다룰 수 없다고 클라이언트가 느낄 수 있는 주제들(예: 임신, 근친 성교)을 다루기 위해 경우에 따라 개인 회기를 추가할 수 있다. 개별적인 치료가 있을 때에는 추가되는 다원적인 차원에 대하여 개인치료사와 집단치료사가 함께 공동치료 회기도 적절하게 통합해야 한다.

당신은 구성원들이 집단에서 떠나는 것을 어떻게 다루겠습니까?

우리의 구조화된 집단치료에서는 신입 구성원들이 경험 있는 구성원과 짝을 이루는데, 기존 구성원들은 집단 모임 전에 잠깐 신입 구성원을 만날 수 있을 것이며 집단에 소개할 것이다. 구조화된 역할 분배는 신입 구성원이 직접적이고 비위협적인 방법으로 집단의 상호작용에 참가하는 것을 유도한다. 집단을 떠날 예정인 구성원들은 '유산 테이프(legacy tape)'를 만들도록 요청받는다. 여기에 집단에서 자신에 대해 배웠던 것들을 목록화하며, 집단에 있었던 것에 대해 느꼈던 긍정적인 것들을 설명한다. 떠나는 구성원은 집단 내 자신의 자리를 차지하는 신입 구성원에게 집단을 이용하는 방법과 집단 내에서 효과적으로 역할을 하는 방법에 대해 제시하도록 요청받는다. 우리의 집단구성원들은 때로는 독창적인 음악과 시들을 담고 보통은 남아 있는 각 구성원들을 위한 개인적인 메시지들을 남기면서 이 테이프들을 창조적으로 사용하였다. 어떤 집단에서는 떠나는 구성원을 위해서 메시지, 시, 사진을 담고, 보여주었던 변화에 대하여 목록을 만들며, 긍정적인 피드백을 주고, 그 구성원이 계속해서 노력해야 할 분야들을 설명하는 '유산 책(legacy book)'을 준비한다.

9 청소년 집단치료에서의 구조화된 역할 분배

이전 장에서 언급했던 것처럼, 치료 요인(Corder, Whiteside, & Haizlip, 1981)에 대하여 우리가 했던 연구는 청소년에게 집단치료 요인이 발달하도록 충분한 기회를 제공하는 것으로, 집단치료 경험에서 더 많은 만족을 표현하는 경향이 있다. 청소년들에게 가장 도움을 주는 것으로 알려진 치료 요인은 (a) 감정 표현 방법을 배우는 것, (b) 자신이 어떻게 인식되며, 다른 사람들을 어떻게 인식하는가에 대해 피드백을 주고받는 것, (c) 구성원 자신이 받아들여지고 배려받을 수 있으며 감정과 경험들을 나눌 수 있는 집단의 일원이라고 느끼는 것이다. 대부분의 집단은 주어진 시간 동안 이러한 기회를 제공하는 데 필요한 결속력과 대인관계의 향상을 위한 상호작용을 발달시킨다. 상호작용을 명쾌하게 하는 기술들은 침묵이나 불안감을 다루는 것에 한계가 있는 청소년들을 위한 집단치료에서 치료과정을 빠르게 진행시킨다(Corder, Haizlip, & Walker, 1980). 우리의 경험상 이런 목표의 발달이 너무 느릴 때는 청소년 집단구성원들이 치료 요인 발달의 기초가 되는 대인관계의 상호작용을 발달시킬 만큼 집단치료에 오랫동안 계속 참가할 수 없었다.

치료 요인의 발달 가능성을 증가시키고 청소년 집단치료의 초기 단계에 있는 특유의 높은 불안 수준을 다루기 위해, 우리는 청소년 정신 집단치료를 구조화하기 위한 기술 목록을 개발했다. 우리는 청소년 그룹홈, 정신보건센터, 병원 그리고 사설 정신 클리닉의 환경에서 13~18세 사이의 청소년들에게 구조화된 집단치료 기술을 사용해 왔다.

치료 요인들의 발달을 촉진하는 것에 더하여, 우리는 이러한 구조의 사용이 집단치료 안에 매우 비언어적이고 저항적인 많은 환자들을 포함하게 하는 것을 알았다. 또한 집단치료의 구조화는 행동이나 사회적 교양 수준이 집단치료의 표준에서 벗어나는 구성원들이 따돌림당하는 것을 피하는 데에도 도움이 되었다. 동시에 집단에서 통찰 작업을 위한 하나의 필요 조건인 집단치료 과정에서의 자발성이 허용될 정도로 충분히 유연한 것으로 나타났다.

구조화하는 기술들 – 초기 집단치료 회기들

집단치료를 시작하면서 우리는 초기의 불안 수준을 낮추고 편한 방법으로 구성원들을 서로 소개하기 위해 흔히 사용되는 많은 집단 감수성 훈련기술들을 수정하여 왔다. 첫 집단치료 모임에서 구성원들은 임의로 짝을 이루며, 치료실 내 가장자리에서 서로에 대해 다음의 정보를 찾도록 요청받는다. (a) 이름, 나이, 학교, 형제들의 나이, (b) 특히 좋아하는 것 세 가지(예: 취미, 음악 집단치료, 과외활동 등), (c) 자신이 집단치료에 의뢰된 적어도 한 가지 이유(또는 부모, 학교의 상담원 등이 표현했던 이유), (d) 이런 집단치료의 참여에 대해 마음속에 품고 있는 특별한 질문들. 조별(두 명으로 짝을 이룬)로 간단히 소개하기를 한 후에 함께 집단으로 돌아가서 다시 모인 집단구성원들에게 서로를 소개한다. 특별히 더 낮은 기능의 집단구성원을 위해 칠판 또는 포스터에 지시 사항들을 써놓는 것이 도움이 될 수 있다. 소개시간 동안 모든 집단구성원은 "여러분이 처음 그들을 알게 되었을 때 누구에게라도 질문하고 싶은 어떤 것이 있다면, 그들에 대해 알고 싶은 어떤 것이라도 망설이지 말고 질문하라."라고 지시받는다.

서먹서먹한 분위기를 풀고 집단구성원들이 첫 이름을 기억하는 것을 돕기 위해 '공놀이'를 할 수 있다. 각 구성원이 자신의 이름을 말하는 동안 탁구공 등이 집단구성원들 안에서 아무렇게나 던져지고, 공을 받은 구성원은 다른 이름을 호명하고 그 구성원에게 공을 던진다. 공을 던지는 속도는 집단구성원들의 한계에 도달할 때까지 점점 빨라진다.

집단과 개인의 목표 작성

초기 치료 계약에서 집단구성원들은 집단치료 안에서 자신의 노력을 집중시키고자 하는 최소 하나의 목표를 적었다. 가능하면 두 개의 다른 목표가 각 집단구성원에 의해 작성되며, 각 회기 동안 벽에 붙여 놓은 포스터들 위에 기록된다. 집단치료 회기 동안 이 목표들은 참조, 발달의 평가, 때로 변화를 향한 구성원의 참여와 노력의 수준을 직면하는 데 매우 유용하다. 집단구성원이 작성한 목표들의 예로는 "부모님과 더욱더 잘 지내는 것" "더 이상 학교에서 정학당하지 않기" "너무 수줍어하지 않기" "어머니와 살고 싶은지 아버지와 살고 싶은지 결정하는 것" 등이 있다.

각 구성원에게 이후 진행될 많은 집단 연습에서 사용할 '목표달성 지침서(goal book)'가 지급되는데, 여기에 목표에 따른 구성원의 발달에 대한 집단구성원의 평가가 기록된다. 이에 대해서는 뒤에서 더 자세히 설명한다.

집단치료 참가를 위한 행동 규칙들과 기대들

기대되는 행동에 대한 집단치료 규칙들은 집단구성원들에 의해 초기 회기에 만들어지고 각 회기 동안 전시되는 포스터에 기록된다. 이 규칙들은 전형적으로 흡연에 관한 집단구성원의 결정, 구성원이 생각하기에 바람직한 언어 요소들에 관한 설명, 비밀보장에 관한 주의사항, 불참 시 허용되는 절차 그리고 집단치료 참가에 따른 기대의 요약을 포함한다. 치료 전 훈련이 없었다면 집단 지도자들은 피드백을 주고받기 위한 요구 사항들을 첨가할 수 있다. 저자와 동료들의 집단치료 규칙들의 예는 다음과 같다.

1. 집단치료에 불참해야 할 경우, 너는 지도자들 또는 '집단치료 계약인' 이 그 이유를 알도록 연락해야 한다. 그러면 우리는 너에 대해 걱정하지 않을 것이다. 우리 모두는 지방에 있거나 긴급한 상황에 있지 않는 한 모든 모임에 오기로 되어 있다.
2. 우리 모두는 적어도 한 번 모든 연습을 해야만 한다.
3. 우리 모두는 주어진 과제를 수행하기 위해 최소한의 노력을 해야 한다.
4. 집단구성원이 말하거나 행동한 어떤 것에 대해 누군가에게 알리고 싶을 때는 구성원과 그의 행동을 평가하지 않는다(우둔한, 어리석은 등). 너는 그들에게 네가 어떻게 느끼는지, 그리고 네가 생각하기에 그들의 행동의 결과로 무엇이 발생할 것이며, 다른 사람들이 그들의 행동에 대해 어떻게 느낄 것인지 알릴 수 있다.
5. 너 역시 집단치료 내에서 다른 사람의 의견을 들을 것이며 집단구성원을 돕기 위해 노력할 것이다.
6. 정신적으로 명료하지 못한 상태에서 집단치료에 오지 않아야 한다(약물 중독, 음주 등).
7. 우리 모두는 정직하도록 노력해야 한다.
8. 집단치료 안에서 발생된 일을 집단치료 밖에서 어떤 누구에게도 말하지 않아야 한다(예외: 누군가가 자신 또는 다른 사람을 해

치는 것에 대해 말하는 경우).

9. 흡연은 너의 부모가 허락한다면 허용한다("네가 다른 장소에서 흡연할 수 없다면 집단치료 내에서도 흡연할 수 없다.").
10. 네가 집단치료를 종결하려 한다면 이유를 말해야 하며, 집단에서 작별 인사를 하기 위해 마지막으로 두 번의 회기에 참석해야 한다.

과제

많은 회기 중에 각 구성원 또는 집단 전체에 과제가 주어질 수 있다. 그 과제는 전형적으로 집단치료 밖에서의 행동(협상, 분노 통제 등)을 훈련하는 것으로 구성된다. 과제가 부여될 때 집단구성원들은 집단에 다시 보고해야 하며 과제 수행에 대한 등급을 받아야 한다.

새로 배우기 게임

'새로 배우기 게임(New Leaning Game)' 은 치료 게임으로서 초기 집단치료 회기들을 구조화하며 까다롭고 저항적인 구성원들과 집단 간의 상호작용을 촉진하기 위하여 다양한 치료 환경에서 사용된 이전 버전(Corder, Whiteside, & Vogel, 1977)에서 발전하였다. 새로운 버전의 목적은 감정을 언어로 표현하는 데 재미있고 유익한 연습을 제공하며 대화와 상호작용 기술의 발달을 돕는 것이다

(Corder, in press).

이 게임은 구성원들이 자신의 주사위를 굴린 후에 '게임 말'을 움직이는 간단한 보드게임이다. 주사위를 굴려서 나온 수대로 말을 움직이고 도착한 게임판 안에 표시된 내용의 카드를 선택한다. 카드는 '너 자신에 대해 배우기' '다른 사람들에 대해 배우기' 그리고 '문제를 해결하는 방법 배우기'로 명명되는 세 개의 영역으로 나누어진다. 각 영역의 항목들은 임무를 완수하기 위해 전형적으로 요구되는 난이도와 집단 응집력의 양으로 나누어진다. 각 항목들은 청소년의 전형적인 임무들의 양상을 다루기 위해 개발되어 왔다.

때로 치료사들은 집단구성원이나 현재의 집단치료 과정에 적절한 특정한 항목이 선택된 카드들 사이에 반드시 있도록 하기 위해 고의로 카드를 섞어 놓았다. 카드들의 예는 다음과 같다.

너 자신에 대해 배우기 "누구도 해결책을 찾지 못하고 계속해서 일어나고 있는 부모와의 갈등을 설명하라."

다른 사람들에 대해 배우기 "네가 생각하기에 이성 친구를 선택할 때 가장 중요한 점을 설명하고 그 이유를 말하라."

문제들을 해결하는 방법 배우기 "너는 주말 동안 친구와 함께 해변에 가서 친구의 친척 소유의 집을 사용하고 싶다. 그곳에는 보호자가 없다. 어떻게 부모와 이 점에 대해 타협할 것인지, 또 해결점에 이르기 위한 절충안이 무엇인지 보여 주어라.

게임의 목적은 게임을 끝내거나 이기는 것이 아니라 토론을 촉진하려는 것이다. 각 항목은 전형적으로 지시 사항들을 추가한다. "너의 오른쪽에 있는 사람에게 똑같은 질문에 답하도록 요청하라." "이성에게 똑같은 질문에 대답하도록 요청하라." 또는 "집단치료 안의 모든 사람이 이와 같은 질문에 대답하도록 요청하라." 때로는 전 회기가 단 하나의 게임 항목에 대한 집단 반응을 중심으로 전개된다.

집단치료 과정의 지속과 중간 단계들

구성원의 역할 과제 분배

대부분의 집단치료 과정에서 구성원들은 일반적으로 지지적이고 명확하고 집단치료 지도자들에 의해 모델링된 행동들을 발휘하면서 점점 집단치료 지도자들의 특정 기능들을 떠맡는다. 새로운 역할들을 교대하고 실행하는 기회를 주는 것은 물론, 이 과정의 능률을 올리고 더 수동적이고 수줍어하는 구성원들에게 적극적으로 역할을 맡게 하기 위해서, 다양한 집단 역할들이 회기가 시작될 때마다 임의로 분배된다. 모든 구성원에게 그 회기를 위한 역할 또는 책임이 주어진다.

역할들은 구성원들이 뚜껑이 닫힌 바구니에서 역할이 적힌 플라스틱 배지를 뽑는 방식으로 임의로 분배된다. 구성원들은 그 회기 동안 자신의 역할 배지를 부착한다. 한 구성원이 여러 역할을 하게 되면 여러 개의 배지들을 부착하는 경우도 있을 수 있다. 어떤 역할들은 특정한 집단 훈련에서 기능하도록 매우 특수화되어 있는데, 이는 뒤에서 설명할 것이다.

규칙 시행자(rules enforcer) 규칙 시행자는 규칙 위반을 확인하고 규칙을 깨뜨리고 있는 구성원을 집단에서 다루도록 요청한다.

주인 또는 여주인(host or hostess) 전형적으로 두 명의 주인 또는 여주인 역할이 분배된다. 주인 역할을 하는 구성원은 '받아들일 수 있는 사회적 행동' 을 따르고 집단을 위하여 다과를 대접한다.

격려하는 자(encourager) 격려하는 자는 집단에서 무시되거나 제한된 언어적인 입력을 하는 것으로 보이는 구성원을 확인한다. 그리고 그 구성원을 집단과정에 참여시키거나 말 없는 구성원을 향하도록 집단구성원의 주의를 환기하도록 유도한다.

역할 연기자(role-player) 회기 동안 분배된 역할극 연습을 위하여 두 명의 구성원에게 이 역할이 주어질 수 있다.

보호자(protector) 보호자는 특정 구성원에게 너무 어렵거나 위협적으로 보일 수 있는 어떤 교류 또는 훈습을 중지하게 할 수 있다. 보호자는 집단구성원 모두가 적어도 모든 훈습을 해야 한다는 집단치료 규칙을 어떤 구성원은 면제받도록 요청할 수 있다.

요약하는 자(summarizer) 회기의 끝에 요약하는 자는 '이 회기에 집단 내에서 진행된 주요한 것들과 우리들이 말했던 주요한 생각들' 을 언어로 정리한다. 또한 집단치료 회기에서 이 역할을 하는 사람은 좋거나 싫었던 특이한 점을 설명한다.

긍정적 비평가(positive stroker) 긍정적 비평가는 회기의 끝에 집단구성원을 순회하며 각 구성원에 대해 긍정적인 부분을 이야기한다. 그것은 개인적인 특성이나 그 구성원이 집단에서 증명했던 어떤 행동이 될 수 있다. 집단치료의 중간 단계 이전에는 구성원들이 이 연습을 위해 집단치료 지도자들에게 도움을 구할 수 있다.

연락원(contactor) 집단치료 구성원을 두 부분으로 나누고, 두 명의 연락원들은 자신이 갖고 있는 명단의 구성원에게 그 주 동안 적어도 한 번 전화를 한다. 연락원은 집단구성원에게 주어진 집단치료 과제를 검사하거나 단순히 다른 구성원을 '점검' 하여 지원을 제공할 수 있다.

채점자(grader) 과제가 분배되면 채점자는 집단구성원과 토론한 후에 각 구성원의 과제에 대하여 등급을 매긴다.

후기 집단치료 단계에서 추가되는 더욱 복잡한 역할들

다른 면을 보는 자(other side viewer) 어떤 쟁점이 여러 관점으로 보일 수 있는 복합적인 쟁점들을 포함할 때, 지도자는 '다른 면을 보는 자' 에게 집단에서 현재 토론되고 있는 것과 반대되는 다른 관점을 표현하도록 요청할 수 있다. 예를 들면, 가정의 잔일에 대한 십대의 책임을 토론하는 동안 '부모 또는 성인의 관점' 또는 시각을 표현하도록 요청할 수 있다.

결론을 내는 자(consequencer) 이 구성원은 집단에서 보이거나 토론되고 있는 행위 또는 행동 양식에 대해 결론을 내리도록 요청받는다. 이 역할은 집단에게 '설교' 하지 않고 어떤 구성원의 행동에 관한 부정적인 결과들을 설명하도록 허락한다.

내면의 목소리(inside voice) 이 역할은 심리극 기술 중 '다른 자아(alter ego)' 를 본떠서 만들어졌다. 이는 역할 연기를 하는 사람 뒤에 다른 구성원이 서서 역할 연기자가 적극적으로 표현하지 않는 생각들과 감정들을 언어적으로 표현하는 것이다.

질문자(questioner) 이 구성원은 다른 구성원들에게 집단의 피드백이 필요하다고 느끼는 행동에 대해 질문하거나 정보를 얻는 방식으로 여러 훈습과정에서 반응한다.

감정 반응자(feeling responder) 어떤 역할 훈습에서 집단구성원들은 자기 옆에 앉아 있는 구성원이 표현하고 있는 감정에 반응하거나 반영하는 임무를 교대한다.

성취자(goalmaster) 이 역할은 보통 '동료 조언자(peer mentor)' 에게 할당되며, 회기 중 어떤 시점에 다른 구성원들에게 그들의 목표와 그 목표에 대한 발달을 상기시킨다. 동료 조언자들은 자신의 목표를 모두 달성하여 집단치료를 종결했지만 더 많은 회기 동안 집단치료에 남아 있을 것을 선택한 구성원들이다.

집단치료의 연습들: 중간 중재 단계들

새로 배우기 게임

앞서 설명한 '새로 배우기 게임' 은 집단치료 과정의 모든 단계에서 사용할 수 있다. 때로는 치료사들이 그 게임에서 사용되는 모든 카드를 의도적으로 정하여 섞어 놓을 수 있다. 집단의 특정한 화제들을 다루는 내용의 카드를 항목 안에 포함시키기 위해서다. 또한 여러 명의 신입 회원들이 집단에 소개될 때 그들에게 비위협적인 소개 방법으로 도움이 된다.

목표달성 지침서(goal book)

이 책은 각 집단구성원에게 주어지며 최초 목표 또는 수정된 목표의 진술들이 기록된다. 또한 과정 중 각 구성원에 대한 집단의 피드백이 기록된다. 이는 많은 집단치료에서 훈습을 위한 근거로 사용된다.

목표달성 지침서에서 요구하는 훈습의 예는 구성원들이 '미래로 나아가라.' 라는 집단치료 훈습에 대한 반응들을 표현하고 기록하는 것이다. '내가 어디에 있고 싶어 하는가, 그리고 지금부터 6년간 무엇이 되고 싶은가.' 에 대해 모든 집단치료 구성원들이 말할 것을 요청한다. 이런 목표들을 탐구하는 일련의 과제가 모든 집단구성원들에게 주어진다. 전형적으로 집단구성원들에게 공유되는 많은 목표들(생산적인 직업을 갖는 것, 자신의 집 또는 아파트, 자신의 차를 보유하는 것 등)이 있다. 이런 문제들을 둘러싼 집단의 상호작용은 정상적이며 매우 생산적이다.

이 책의 다른 부분은 집단구성원들에게 '지금 내가 하는 것들과 내가 보여 주는 행동들 중에 무엇이 내가 있고 싶어 하는 곳에 도달하지 못하게 했는가.'를 말로 표현하고 기록하게 하는 것이다. 다른 집단구성원들과 치료사들의 피드백은 개별적으로 각 구성원에게 집중할 때 그의 부정적인 행동 양식들을 확인하도록 도우면서 집단치료 연습을 위한 근거를 형성한다. 집단치료 지도자들은 이런 양식과 관련된 각 구성원의 개별적인 과제를 할당한다.

다음에 이러한 연습들이 집단치료 내에서 어떻게 사용되는가에 대한 사례가 있다. Ruth는 매력 있고 지적인 15세 소녀다. 이혼한 그녀의 부모는 그녀의 주의를 끌고 양육권을 소유하기 위해 계속해서 다투고 있다. Ruth는 자신의 10년 목표의 목록을 만들었다. (a) 창조적인 글쓰기와 관련된 많은 보수를 받는 직업으로 독립하는 것, (b) 내가 좋아하는 친구들을 사귀는 것, 특별한 남자 친구도.

언어로 표현한 목표를 둘러싼 집단치료 상호작용을 통해 그녀의 현재 흥미들을 탐구하였고, 그녀가 학교 신문에 올린 자신의 시들과 기사들에서 간단한 인용구들을 나누는 모습에서 섬세하고 창조적인 소녀임을 밝혔다. Ruth의 과제는 직업적인 목표들로써 그녀의 흥미를 확장하여 탐구하는 것이었다. 치료사들은 신문과 관련된 직업을 가질 가능성에 대해 상담사들과 이야기하고 작가가 되기 위한 직업적인 기회들에 대해 실제적인 한계들을 토론할 것을 제안했다. Ruth는 창조적인 실무자들과 이야기하기 위해 지역 광고대행사를 방문하는 약속을 잡는 임무를 자발적으로 추가하였다.

학교 신문 사무실처럼 그녀가 즐기는 환경에서조차 몇몇 제한된 관계들을 시도한다는 것을 설명할 때 Ruth의 수줍음은 더욱 분명히 드러났다. 집단구성원들은 사람들과 대화하고 상호작용하는 Ruth의 능력에 대해 폭넓은 긍정적인 피드백을 주었다. 대화를 시작하고 지속하기 위하여 아는 사람들에게 접근하는 역할극 훈련 후에 집단구성원들은 학교에서의 실제 훈련을 포함하는 과제를 부여하기 시작했다.

이 사례는 어떻게 효과적으로 목표 진술이 지침서의 '내가 보여주는 행동들 중에 무엇이 내가 있고 싶어 하는 곳에 도달하지 못하게 했는가?' 와 관련하여 나타났는지를 보여 준다. 집단구성원들은 또한 지지하는 태도로 그녀의 '예술가인 체하는' 의복과 화장 스타일이 그녀의 학교에서 비판적인 학생들에게 그녀를 좋아하지 않게 만드는 요소가 될 수 있다고 말했다. Ruth는 집단구성원에 의한 이 평가를 받아들이는 데 어려움을 가지는 것 같았지만, 지도자들은 그녀의 의복이 점점 더 자연스럽게 되었다고 적었다.

또한 목표달성 지침서에는 집단치료의 중간과 마지막 단계에서 완성되는 목표에 대한 발달의 평가인 '동료 등급 채점' 을 할 수 있는 공간이 마련되어 있다.

협상과 긍정적인 주장 훈련

전형적으로 집단구성원들은 다른 구성원의 경험들과 유사한 갈등 분야에서 다른 사람들과 타협하고 대화하는 문제들을 끄집어낸다. 이 시점에서 지도자들은 기초적인 협상과 주장 기술들에 대한 교훈적인 자료를 제시하고, 협상을 위한 기초적인 단계들을 재검토하고 요약하며, 집단구성원들에게 역할을 훈련하기 위해 역할극을 수행하게 한다. 각각의 기초적인 단계들에 대한 역할 다루기에 집중하면서 집단의 토론과 역할극의 재검토가 이어서 실행된다.

협상과 주장에 대한 기초적인 단계들은 집단구성원들이 역할극 연습 중에 참조할 수 있도록 커다란 포스터에 내용을 담아 볼 수 있게 하였다.

1. 네가 다른 사람에게서 어떤 행위들을 원하는지, 또는 특별하게 너는 그가 무엇을 하기를 원하는지 정확하게 숙지하라.
2. 명확하고 공손한 태도로 다른 사람들과 대화하라.
3. 왜 네가 다른 사람에게서 무언가를 원하고 필요로 하는지 확실하고 충분한 이유들을 주어라.
4. 네가 예상하기에 그 사람이 너를 위해 이것을 하는 데 가질지 모르는 어떤 문제들에 해결책들을 제시하라.
5. 네가 그에게 요청하는 것을 하지 못하게 했던 과거의 오해들과 혼란에 대해 그에게 설명하고 사과하라.
6. 그의 협력에 대한 보답으로 다른 사람에게 무언가를 제공하라.

7. 어떤 타협 또는 대안이 되는 해결책을 제시할 준비를 하라.
8. 다른 사람의 어떤 변화와 타협에 대해 감사를 표시하라.

이 훈련 다음에는 역할극 카드를 뽑은 구성원들에게 역할을 연기하기 위한 가설적인 갈등 상황이 주어진다. 그들은 갈등과 협상 상황에서 지침들을 따르도록 요청받는다. 역할극에 이어서 모든 구성원들은 역할 연기자가 각 단계를 충분히 지켰는지에 대해 피드백을 해 주면서 그 훈련과 연습을 계속한다. ("그들은 원했던 것을 정확하게 아는 것 같았는가?" "그들은 좋고 공손하게 대화할 수 있었는가?" "그들은 어떤 것을 필요로 했던 이유들을 제시했는가?"). 일반적으로 집단구성원들은 이 과정을 즐기며, 다른 구성원들은 집단치료 지도자가 분배한 다른 역할극 연습들을 완수하기 위해 자원한다. 우리의 구조화된 집단치료에서 지도자들은 협상을 위한 역할극 상황들의 레퍼토리를 가지지만, 보통 역할극은 집단구성원들이 각자 자신의 환경으로부터 보고했던 상호작용들로 제시된다.

집단구성원에 의해 협상된 갈등 해결이 제시된 한 사례가 있다. Ralph는 학교 식당 분쟁에 자신이 개입되었다는 것을 인정한 결과로 3일 동안 정학 처분을 받았다. Ralph는 자신의 참여를 그 분쟁을 해결하기 위해 도우려는 시도로 인지하였으나, 실수로 그 분쟁 상황의 실제 말썽꾼들의 하나로 인식되었다고 느꼈다. 협상 단계들을 따르면서 그는 (a) 억울하게 당한 정학을 취소할 것을 요구하기로 결정했다. (b) 그 사건에서 그의 실제 행위를 설명할 수 있었던 증거와 목격자들을 모았다. (c) 그 사건에서 비효과적으로 (그리고 매우 큰 소리를 내며) 개입한 부분에 대한 사과를 개략했다. (d) 문제의 부분이 되기보다는 해결의 부분이 되어 미래에 유사한 상황을 다루게 될 때의 대안 방법을 작성하였다. (e) 현재의 분쟁과 '작은 음식 다툼' 의 원인이 되었던 식당의 음식과 서비스 체계에 대한 불평들에 대해 학생들을 대상으로 조사할 것을 제안하였다. (f) 교장과의 약속을 요구하였으며, 타협 또는 대안 해결책으로 부분 정학 또는 교내 정학을 제시할 준비를 하였다. 이러한 협상 단계의 수행 결과, 교장은 Ralph의 긍정적인 주장, 증거와 쟁점들에 대한 자세한 조사, 그리고 긍정적인 해결책들에 대한 창조적인 제안들에 감동하여 정학을 취소하였다. Ralph는 그의 부모가 서명한 감사 편지를 교장에게 보냈다.

이 사례에 이어서 Ralph는 같은 해에 어떤 선생님과 또 다른 갈등의 협상을 시도했을 때 같은 방법들을 사용하였다. 그는 작은 타협에 도달하였다고 보고했지만, 그 협상들에 대한 자신의 감사 표시가 자신을 향한 선생님의 태도를 변화시키는 데 실제적 요인이라고 느꼈다.

'구성원의 뜨거운 의자(Member Hot Seat)' 실습

집단치료 과정 동안 각 집단구성원은 대담을 위해 이따금 무대 위의 의자에 앉기를 요청받을 것이다. 때로 집단구성원이 다투고 있는 즉각적이고 격렬한 문제에 집단이 집중하도록 이 부분을 공개적으로 요구할 수 있다. '구성원의 뜨거운 의자' 는 특정 집단구성원을 위해 '동료 지도자' 역시 제안할 수 있다.

이 실습의 목적은 특정 집단구성원의 필요성에 집중하는 것이며 말이 없는 집단구성원들의 상호작용을 격려하는 것이다. 집단구성원들은 한 사람씩 돌아가면서 '뜨거운 의자에 앉아 있는 구성원(hot seat member)에게 무엇이 일어나고 있는지에 대해서 말하게 하고 서로의 행동과 언어가 각자에게 어떤 느낌과 생각을 하게 하는지를 나누도록 한다. 이것은 구성원에게 특정한 질문을 하도록 공식적인 허가를 하며 구성원들 사이의 격렬한 상호작용들을 조장한다. 이러한 실습을 하는 동안 역할극이 지도자들에 의해 제시될 수 있으며, 토론되고 있던 쟁점들과 직접 관련 있는 과제가 주어질 수 있다.

앞서 언급했던 것처럼 '구성원 보호자' 역할이 초기의 구조화된 역할 분배에서 임의로 뽑히거나 집단치료 지도자들에 의해 임명된다. 구성원 보호자는 '구성원의 뜨거운 의자' 진행 상황에서 '뜨거운 의자의 구성원' 의 스트레스 수준을 평가할 수 있고 어떤 질문들을 거절할 수 있으며, 또는 단순하게 '뜨거운 의자의 구성원' 이 집단의 상호작용에 반응하거나 다루는 것을 도울 수 있다.

'부모의 뜨거운 의자(Parent Hot Seat)' 실습

때로 부모와의 특정 갈등을 다루고 있는 구성원들은 그들의 부모를 '부모의 뜨거운 의자' 회기에 참가하도록 초청할 수 있다. 지도자들 역시 특정 회원의 가족을 위해 이 실습을 제안할 수 있다. 목적은 (a) 구성원과 부모 사이의 차단된 상호 교환을 공급하고, (b) 집단과 치료사들에게 구성원과 부모 사이의 상호작용들을 관찰하도록 하며, (c) 특정한 갈등 분야들에 집중하고, (d) 집단구성원이 기초적인 협상 단계들을 따르면서 문제들을 관찰할 수 있도록 협상하는 실습을 허락하는 것이다.

집단에서는 '부모의 뜨거운 의자' 회기에 앞서 다음과 같은 내용을 준비한다.

1. 부모와 청소년이 가진 특정 문제 분야를 간추린다.
2. 부모를 위해 어떤 해결책들을 협상하여 접근 가능한 특정한 질문의 목록을 작성한다.
3. 집단치료 지도자나 이 역할을 위해 자원한 '동료 조언자'가 회기 시작에 임의로 역할표들을 뽑아 '집단 대변인(group mouthpiece)' 역할을 부여한다. '집단 대변인'은 집단치료가 개발한 질문들을 읽는 책임을 지며 '부모의 뜨거운 의자' 회기 동안 모든 활동을 시작한다.
4. '부모 보호자(parent protector)' 역할을 부여한다. 이 역할은 부모들을 위해 뚜렷한 스트레스 수준을 감시하는데, 너무 불안을 유발하는 것으로 보이는 질문들은 허락하지 않을 수 있다. 그리고 집단의 상호작용이 어떤 쟁점을 둘러싸고 너무 긴장하게 되었다고 느낀다면 초점 수정을 요구할 수 있다.
5. 각 회기를 위해 '구성원 보호자' 역할을 수행할 구성원을 결정한다. 이 구성원의 역할은 부모가 '뜨거운 의자' 역할을 맡

았던 청소년 집단구성원을 위해 스트레스 수준을 감시하는 것이다. 이 역할은 '부모 보호자' 와 똑같은 보호 기능을 가진다.

지도자들은 이 회기를 위하여 '다른 면을 보는 자' (토론되고 있는 어떤 쟁점의 '다른 면' 에 대한 그의 인지를 말하도록 요청받는)와 '결론을 내는 자' (토론되거나 계획 중인 어떤 행위의 결과들에 대한 그의 인지를 말하도록 요청받는)를 포함한 다른 역할들도 각 집단구성원에게 분배할 수 있다.

이 회기를 시작하기 위하여 '부모 보호자' 는 부모를 집단에 소개하고, 모든 집단구성원에게 자기 소개를 요청한다. 또한 부모들에게 자신이 집단에서 수행하기에 너무 스트레스를 주거나 개인적인 질문을 부모들이 허락하지 않도록 도울 수 있는 사람이라고 알려준다. 그 후에는 '집단 대변인' 이 실습의 목적을 설명하고, 모든 역할들을 설명하며, 토론을 위해 집단치료에서 사전에 승인되었던 첫 번째 질문을 읽는다. 각 질문에 따른 집단의 교류는 전형적으로 모든 집단구성원들이 부모에게 질문하고 대답함으로써 활발하고 자발적이 된다.

특이한 청소년과 부모의 갈등에 대한 특정 질문들과 함께, 집단치료에서는 회기 전 계획 수립에서 전형적으로 다음의 질문들을 첨가하였다. 당신은 자녀의 어떤 점들을 좋아합니까? 당신의 자녀가 다르게 했으면 하고 바라는 주요한 것들은 무엇입니까? 십대들이 부모에게 신임을 잃었다면 어떻게 그것을 되찾을 수 있습니까? 그들이 더 많은 사생활과 자유를 가지기 위해 당신과 협상할 수 있습니까? 십대들이 성에 대해 어떤 규범들을 가져야 한다고 느끼며 그 이유는 무엇입니까? 당신의 자녀는 이 문제에서 그의 생각과 행동을 부모가 더 좋게 느끼도록 하기 위해 어떻게 당신과 협상할 수 있습니까?

회기가 진행되는 동안 부모 역시 집단에 관해 어떤 질문이든 할 수 있다. 다과를 대접하는 시간은 부모와 구성원들 간의 비공식적이고 비조직적인 접촉을 위한 유용한 기회가 되었으며, 부모들이 자발적으로 자신의 의문을 풀 수 있는 시간이 되었다. 집단은 부모가 만들어 놓은 제한 설정에 대하여 부모에게 종종 질문하였고, 부모들은 그 규칙의 근거에 대하여 설명하는 데 이 기회를 매우 효율적으로 사용하였다. 드러난 정보에 대한 친밀감의 수준은 부모가 정하는 제한 설정을 불합리하다고 생각하는 많은 집단구성원들의 인식을 변화시키는 데 대부분 효과가 있었다. 지도자들은 집단치료 과정을 기록하며, '부모를 위한 목표들' 을 발전시키기 위해 이러한 회기에서 얻은 정보를 사용한다(제11장 참고).

참고문헌

Corder, B. F. (in press). *The New Learning Game.*

Corder, B. F., Haizlip, T., & Walker, P. (1980). Critical areas of therapists' functioning in adolescent group psychotherapy: A comparison with self-perception of functioning in adult groups. *Adolescence, 58,* 435-442.

Corder, B. F., Whiteside R., & Haizlip. T. (1981). A study of curative factors in group psychotherapy with adolescents. *International Journal of Group Psychotherapy, 31,* 345-354.

Corder, B. F., Whiteside, R., & Vogel. M. (1977). A therapeutic game for structuring and facilitating group psychotherapy with adolescents. *Adolescence, 46,* 261-268.

10 구조화된 집단치료에서 여러 단계의 과정 사례

시작 단계

다음 사례는 14~16세 청소년 6명으로 구성된 외래환자 집단치료의 5번째 회기에서 발췌한 것이다. 이 집단은 3명의 여성 Allison, Betty, Carole과 3명의 남성 Daniel, Eric, Frank로 구성되어 있다.*

집단치료 규칙은 이미 정해져 있고 구성원들이 잘 볼 수 있도록 방안의 포스터 위에 전시되어 있다. 홀에서 담배를 끈 후에 집단구성원들은 집단치료가 시작하기를 기다리는 동안 시작했던 농담을 계속하면서 줄지어 들어온다. 모두 좌석을 선택하고 공동치료사들

* 집단치료 기능들을 설명하기 위하여 사용된 모든 사례들의 환자 자료와 정보는 고객과 환자 정보의 복합물로서 특정 고객, 집단치료, 또는 언어적 교환들을 나타내지 않는다.

과 인사한 후에 이번 회기 동안 집단구성원들의 역할을 표시하는 배지가 들어 있는 '역할 바구니' 에서 차례로 배지를 뽑는다. 자신이 뽑은 역할 때문에 투덜대는 소리가 들리는 가운데 어떤 구성원들은 배지를 교환하려고 시도하지만, 치료사는 '적어도 선택한 역할에 대해서는 충실하게 이행하도록 노력하라.' 는 규칙을 그들에게 상기시킨다.

지난주부터 이 집단의 '연락원' 인 Allison은 그녀의 임무에 대해 보고하도록 지시받았다(도움을 주고 숙제 진도를 검사하는 등의 일을 위해 회원들에게 전화하는 것). Allison은 Eric에게 연락하는 것이 어려웠다고 보고하였는데, 그녀가 이 집단치료 절차에 대해 몰랐던 그의 형에게 남겼던 모호한 메시지 때문에 농담이 잇달아 일어난다.

Carole: 들어봐……. 나는 이번 주에 Allison이 전화해 줘서 정말 고마웠어. 나는 정말 최악이었어. 나의 가장 친한 친구 Marsha…… 글쎄, 가장 친한 친구였던 그녀는 울면서 나와 계속해서 통화했어. 그녀의 부모는 Marsha가 계속 남자친구를 만난다면 집에서 내쫓을 거라는 거야. 그들은 그가 마약을 거래한다고 확신하고 있거든……. 아마 그는 그럴 거야. 내가 Marsha에게 그 사실을 말하려고 했지만 그녀는 그에 대한 나쁜 부분은 들으려 하질 않아.

Allison: 내가 Carole에게 말했어. 그녀가 Marsha를 책임질 수 없다고. Marsha는 언제나 Carole에게 뭔가 해 달라고 애걸하고 있어. 그것은 Carole이 부모와의 관계에서 곤란에 빠질 바로 그런 일들이었어. 너희들은 친구들을 곤란에서 벗어나게 할 수도 없지만 그렇다고 Carole이 Marsha를 곤란에 빠트려서도 안 되지. 아마 그녀가 거기에 갔더라면 존은 체포되어 끝장났을 텐데. 누가 연루되어 있고 누가 아니라는 것을 경찰이 알게 뭐야.

[집단에서 이 평가에 동의한다는 의미의 끄덕거림과 간단한 비평들이 나온다.]

치료사 A: Carole, 어려운 상황을 정말 잘 다루고 있구나. 너의 과제에서 계속 노력했던 것이고 정말 잘 버텨내고 있는 것 같아. 친구에 대한 너의 책임이 언제 끝나는지 아는 게 어렵구나, 그렇지 않니?

Allison: 참된 친구는 네가 곤란에 빠지는 것을 원하지 않는다는 것을 이해해야 해. 그리고 네가 그들의 곤란에 연루되는 것을 두려워한다는 것도. 들어봐, 나는 다음주에는 연락원이 너희들이 언제 전화를 받을 수 있고 없는지에 관한 목록을 가져야 한다고 말하고 싶었어. Frank의 엄마는 내가 9시 30분 넘어서 전화를 했기 때문에 화나신 것 같았어.

Frank: 미안해. 내 여동생이 9시에 자러 가는데 전화 소리가 나면 잠이 깨거든. 종이를 돌려서 전화를 받을 수 있는 가장 좋은 시간을 모두 적는 게 어떠니?

Betty: 좋아. 내가 연락원 배지를 가졌어. 모두 그것을 적어 주기 바란다.

치료사 B: 누가 채점자 배지를 가졌니? 모두 잊었구나. 너희들은 모든 회기 동안 배지를 착용하기로 되어 있어. 그래야 우리는 너희가 집단을 위하여 이 회기에 무엇을 하기로 되어 있는지 알 수 있어.

Eric: 내가 채점자 배지를 가졌어요. 내가 해야 할 일이 무엇이죠? 돌아다니며 모두에게 숙제를 했는지 말하게 할까요?

치료사 B: 맞아. 그 다음에는 집단의 도움을 받아서 네가 그들에게 점수를 준다. 집단구성원은 충분한 이유가 있다면 제안을 하거나 너의 채점에 반대할 수 있어. 그리고 너는 채점에 대한 이유를 말할 수 있지. 등급에 대해서는 잊지 말아라. 등급은 A에서 F까지인데, F는 노력조차 하지 않았다는 뜻이고, A는 그것을 완전하게 잘했다는 뜻이야. 대부분을 정말 잘했다면 B, 중요한 부분을 빠뜨렸다면 C, 그리고 D는 그들이 매우 열심히 노력하지 않았다는 것을 의미한다.

Eric: 좋습니다. 그러면…… Betty부터 해 볼까요. 우리는 Betty가 그녀의 아버지와 모두에 관련해 하기로 되어 있었던 것에 대해 이야기를 많이 했어요.

치료사 A: 우리는 Betty가 그녀가 걱정하는 모든 것과 아빠를 만나러 가는 것에 대한 걱정거리의 목록을 작성하도록 하였다. 그녀는 아빠를 만나러 가야만 하고, 또는 그녀가 그렇게 해야 한다고 생각해. Betty의 아버지는 Betty와 만나는 것을 한달에 한 번 정도로 기대한단다. 그런데 Betty는 언제나 그 것을 두려워해. 이것이 전에 우리가(치료사) 너희들이 원하는 것을 갖기 위해 협상하는 방법을 배우는 것에 관하여 이야기하고 연습하게 될 거라고 말했던 것들 중의 하나다.

Betty: 음…… 목록은 작성했지만 너희들이 내가 하기를 원했던 것을 내가 해냈다고 확신할 수는 없어. (목록을 꺼낸다.) 지금 그것을 읽어 볼게.

1. 내가…… 아빠 집에 있을 때, 아빠는 언제나 엄마 집에서 무슨 일이 있는지 그런 것들을 나에게 물어보신다. 그들이 새 차를 샀는지…… 등등 무엇이든.
2. 때로는 아빠가 얼마나 우울하고 외로운지에 대해 계속해서 자꾸 이야기하신다. 내가 아빠한테 갈 거고 아빠와 함께 살 거라고 말하길 원하시는 것처럼. 나는 아빠에게 무엇을 말해야 할지 모른다. 내가 무엇을 말할 수 있을까…… 여자친구를 사귀는 건 어때요. 결혼하는 건 어때요. 또는 외롭고 지루하지 않게 무엇인가를 하세요?

Daniel: 참, 왜 하시지 않을까?

Betty: 넌 나의 아버지를 몰라. 대개 모든 것을 불평하셔. 무엇인가를 함께하는 유일한 사람들은 친척들이야. 가끔 그들과 함께 브리지나 무엇인가를 하실 거야.

치료사 A: 그 목록 안에 있는 많은 것이 진행되고 있구나. Betty…… 네가 얼마나 많은 책임을 느끼는지, 네가 얼마나 많이 실제로 너의 아버지를 도울 수 있는지…… 그리고 친구들과의 책임에 대해 이야기하고 있었던 것처럼 너의 아버지가 얼마나 인생에 대해 책임을 지고 있는지, 그리고 얼마나 너를 자신의 불행과 고통에 이르게 하는지…… 이것이 우리가 계속해서 이야기하고 생각해야 하는 중요한 것이다.

Eric: 우리가 그녀를 처음 채점해야 하나? 맞아? 우리는 그녀의 과제를 채점해야 한다. 끝났어? (Betty가 고개를 끄덕인다.) 좋아, 누가 제안할 거니? 내가 생각하는 것을 알고 있어. 그 책이 어디에 있지…… 선생님은 우리가 이러한 내용을 책 속에 써야 한다고 하지 않았나?

치료사 B: 여기 있다…… 미안, 내가 너에게 그 책을 주는 것을 잊었다. 우리는 이미 이야기했던 방법대로 이 '목표달성 지침서를 사용할 것이다. 모두 저기 있는 포스터에 목표들을 썼을 때를 기억하지? 이것은 모두가 얼마나 잘하고 있는지 알 수 있도록 도울 거다.

Carole: 나는 Betty가 A를 받아야 한다고 생각해. 우리가 요구했던 것을 했고 충분한 목록을 가졌어. Frank가 말하도록 하자. 그는 여태 한마디도 안 했어.

Frank: A.

Carole: (웃는다.) 너는 'A' 라고만 말할 수 없어. 이유를 말해야 해.

Frank: 글쎄, Betty는 아버지에 대해 생각했던 것을 말했어. 그리고 목록을 제출했지. 더 이상 무엇을 할 수 있었을까?

집단: 좋아, A. (Eric은 A등급을 기록한다.)

Eric: Allison, 다음은 넌데, 너 숙제가 무엇이었지?

Allison: (한숨을 쉰다.) 글쎄, 나는 방과 후 개인지도를 받을 수 있는 프로그램들 중에 같은 것이 있는지를 조사하기로 되어 있었어. 사무실에서 학교에 프로그램 하나가 있다는 것을 찾아냈어. 나는 이번 주 윌리엄스 부인(상담사)과 이야기하기 위해 다시 가야만 해. 그것은 어려워. 왜냐하면 학교에서 발급하는 뭔가를 가져가야 상담사를 만날 수 있고, 또 개인지도가 필요하다는 것을 증명하는 뭔가를 제시해야 되기 때문이야.

Eric: 그런데 그렇게 했니?

Allison: 모든 것을 할 시간이 없었어.

Daniel: 나는 네가 이 집단치료에 오는 유일한 이유는 너의 성적이라고 지난번에 말했다고 생각했어.

Allison: 내게 기회를 줘. 그래, 그거야. 그러나 너는……

Frank: 들어봐. Allison이 옳아. 나는 같은 학교에 다녀. 그리고 그것은…… 허락을 받는다는 것은…… 네가 수업에서 나갈 수 있다고 교장선생님이 말하게 만드는 것과 같은 거야.

Eric: 좋아. 알았어. 그래서 너는 어떤 등급을 그녀에게 줄거니?

Frank: 적어도 B…… 그녀는 이것에 대해 뭔가를 했지만 우리 학교는…… 거기서 어떤 것을 하기는 쉽지 않거든. 선생들은 모두 히틀러 같은 사람들이라…… Allison이 수업에서 나가려면 암이나 뭔가에 걸렸다는 의사의 편지 정도는 있어야 해.

[집단은 조금 더 토론한 후에 그녀의 기록에 대해 B를 주기로 결정한다.]

치료사 A: 알다시피 내가 계속 생각하는 하나는 Allison과 Betty 둘 다 협상하는 데 약간의 도움을 사용할 수 있었다는 것이야. 그것은 우리가 이 집단 내에서 이야기하고 연습할 것이라고 말했던 것들 중 하나다.

치료사 B: 우리는 그것에 관한 목록을 가졌고, 여기 포스터에 너희들이 통과해야 할 모든 단계들이 있다. (목록을 읽는다.)

1. 너희가 원하는 것을 결정하라.
2. 결정한 바를 명확하고 공손하게 말하고, 원하는 것을 갖기 위해 네가 원하거나 필요로 하는 이유들을 제시하라.
3. 전에 원하는 것을 갖지 못했던 이유를 생각해 내고 협상하려 했던 누군가의 반대 의견에 대한 답들을 가져라.
4. 그들이 너에게 원하는 것을 대신하여 네가 제공할 수 있는 절충안을 제시할 준비를 하라.
5. 네가 원하는 첫 번째 것들이 가능하지 않다면 또 다른 대안을 제시할 준비를 하라.
6. 그들에게 공손하게 감사 표시를 하라.

Daniel: 내가 주인(역할)이야. 주인 배지를 가졌어. 우선 다과를 먹었으면 해. 배고파 죽겠다.

치료사 A: 좋아…… Daniel이 정중하게 다과를 대접하는 동안 우리는 그 목록을 조사할 수 있을 거다. 모두 역시 정중해야 한다는 것을 알고 있겠지. 그 후에 우리는 Betty와 Allison이 협상하는 것을 연습하게 하고 그 협상에 관한 역할을 할 것이다. Frank, 네가 역할 연기자 배지를 달고 있구나.

Frank: 예. 내가 지금 무엇을 해야 하나요?

치료사 B: 너는 Betty에게는 아버지가 되고, 아마 Allison에게는 상담사가 되겠지. Betty는 아버지가 기대하는 것에 대해 어느 정도 한계를 두는 것을 연습하게 될 거다.

Betty: 나는 아버지한테 자주 가는 것을 그만두고 싶어요. 가 있어도 우울하고 다녀와서도 우울하게 돼요.

Allison: 꼭 아버지한테 가야 하나? 내가 의미하는 건 이혼 서류에 있는 것을 꼭 해야만 하느냐구?

Betty: 아니. 단지, 아버지가 나를 만날 수 있다는 권리를 가진다는 것이지. 내가 꼭 가야 한다는 것을 뜻하지는 않아.

치료사 B: 좋아. 너는 이 상황에 대해 작업할 수 있어. 그리고 너의 성적에 어떤 도움이 될 수 있는 것에 대해 협상하는 것을 작업할 수 있다. 다과를 먹은 후에 역할극을 할 것인데, 너희 둘(Allison과 Betty)은 협상하는 것을 연습하게 될 거다.

[집단구성원들은 다과를 먹기 위해 쉬는 시간을 갖는다. 냅킨들, 음료수용 컵들, 과자들 그리고 감자칩들을 주고받으며 그들이 사용하는 과장된 정중함에 대해 웃으며 놀리거나, 협상 방안의 단계가 표시된 포스터의 용어에 대한 질문들을 하고 확인하면서 약간의 시간을 보낸다.]

[다과를 먹은 후에 Betty는 협상 단계들을 점검하면서 그녀의 아버지에게서 받을 수 있을지 모른다고 그녀가 생각하는 것들을 작성한다. 그리고는 그녀의 아버지 역할을 하는 Frank와 함께 연습과정을 마친다.]

치료사 A: Frank, Betty, 준비됐니? Frank, Betty가 아버지를 어떻게 생각하는지 알지? Betty, 너는 협상 단계들을 볼 수 있어. 모든 것을 기억하고 있다고 생각하니?

Betty: 그렇게 생각하지만…… 좋아요. 해 보겠어요. 전화로 그것을 할 수 없을까요?

Carole: 실제로 해 봐. Betty, 너는 아버지가 전화로 그 모든 것을 이야기하지 않을 것이라는 것을 알잖아. 너는 아버지와 직접 대면해야만 해.

Frank: 쇼를 시작합시다. 그래 너는 이번 주말에 아버지께 갈 예정이지? 맞아? 언제 그런 이야기를 시도할 거니?

Betty: 토요일쯤. 나는 공항으로 가는 도중까지 기다리고 싶지만 잘 모르겠어.

Frank: Betty, 너는 무엇에 대해 이야기하고 싶었니?

Betty: 이야기하는 게 정말 어려워요. 나는 아빠가 외롭다는 것을 알고, 아빠가 스스로 외롭고 혼자라는 생각을 하는 게 정말 싫어요. 그리고 내가 아빠를 걱정하지 않는다고 아빠가 생각하기를 원하지 않아요. 실제 나는 걱정하고 있어요. 그리고 내가 격주마다 여기에 오지 않는다면 엄마처럼 아빠를 돌보지 않는다고 할머니가 생각할 것이라고 아빠가 생각하는 걸 알아요.

Frank: 무슨 말이니? 너는 여기에 오는 것을 원하지 않아. 너는 너의 엄마와 계부와 함께 있기를 원하지. 그리고 너는 나에 대해 어떤 것도 좋아하지 않아, 그렇지 않니?

Betty: 완벽해. 아빠는 바로 죄책감으로 쏟아내곤 하셔. 바로 지금처럼.

Frank: 글쎄, 무슨 말이냐?

Betty: 아빠…… 저는 두 번째 주말마다 오는 대신 한 달에 한 번 오고 싶어요. 그렇다고 해서 내가 아빠를 보고 싶지 않다는 것이나 다른 어떤 것 때문이 아니에요. 이제껏 나는 학교에서 하고 싶은 것을 계획할 수 없었어요. 연주회처럼 가야 할 좋은 것이 있을 때 아빠와 주말을 보내야 하기 때문에 갈 수 없었어요. 그리고 나는 항상 타지방에 있기 때문에 사람들이 함께 지내자고 나에게 물어보는 것을 꺼려해요. 이제는 더 이상 아무도 나에게 묻지 않아요.

Frank: 그래? 네가 하고 싶은 것과 해야 할 특별한 것이 있다면 왜 나에게 바로 전화해서 주말 일정을 변경하지 않았니?

Betty: 아빠는 이해하지 못해요. 격주마다 다른 지방에 있는 걸. 너무 자주예요. 나는 언제나 전화하려고 했어요. 그리고 정말로 중요한 것을 위해 미리 계획할 수 없었어요. 내가 계속 아빠에게 전화해서 그 시간들을 변경했다면 아빠의 감정을 상하게 하고, 그러면 나는 화났을 거고, 결국 모두 화나게 하는 것으로 끝났을 거예요.

Frank: 왜 너는 엄마와 계부와 함께 있는 것을 좋아하고 나와 함께 있는 것은 좋아하지 않는다고 직접적으로 얘기하지 않았니?

Betty: 아빠와 함께 있는 것보다 거기에 있는 것이 더 재미있어요. 내 친구들과 학교가 거기에 있고, 가고 싶은 장소들이 있는 그곳이 더 재미있어요. 아시겠지만 여기에는 내가 하고 싶은 것이 없어요. 아빠도 그것을 알잖아요.

Frank: 그래, 작은 도시이지. 그러나 너도 나를 보고 싶어 할 거라고 생각하곤 한다. 나는 너의 아버지이니까.

Betty: 알아요. 나는 아빠가 보고 싶어요. 그렇지만 저는 하고 싶은 게 많아요. 아빠가 그레이스 아줌마와 존 아저씨와 함께 하는 것처럼 주말마다 할머니와 카드놀이 하기를 원하지 않는다면 나도 어쩔 수가 없어요. 아빠가 이해해야 해요.

Frank: 이해한다고 생각하는데⋯⋯ 조금은.

Betty: 그런데 이건 어때요. 한 달에 한 번 주말에 여기 오지만, 내가 아빠에게 매주 한 번 편지를 쓰고 2주에 한 번 전화를 하는 거예요. 나는 모든 것을 할머니에게 설명할 거예요. 그러면 할머니는 내가 모두를 사랑한다는 것을 이해하겠죠. 하지만 학교에서 하고 싶은 것, 친구들과 함께할 많은 것들이 나에게 필요해요. 여기에는 내 나이 또래가 거의 없어요. 할머니가 이해해 주실 거라고 생각해요.

Frank: 정말 모르겠구나.

Betty: 우리가 내가 원하는 대로 할 수 있을까요? 몇 달 동안 노력해 보고 그것이 어떻게 되어 가는지 보면서…… 내가 할머니에게 모든 것을 말할게요. 아빠는 하지 않아도 돼요.

Frank: 네가 원하는 것이 그거라면 나는 혼자 여기에 있을 것이다. 매일 너에 대해 생각하면서, 정말로 이야기할 사람 하나 없이.

Betty: 그래, 그거야 그거. 아빠는 정말 죄책감을 느끼게 한다.

치료사 B: 계속해. Betty야, 아빠에게 그 점에 대해 말해라.

Betty: 아빠, 아빠는 내가 사랑하는 줄 알잖아요. 계속해서 말하지 않겠어요. 아빠는 내가 사랑한다는 것을 알아요. 그리고 아빠가 나에게 사랑한다고 말하는 것만큼 나를 사랑한다면 아빠도 내가 행복하기를 원할 거예요. 나를 위해 내가 원하는 바대로 하게 해 주세요.그리고 그렇게 하는 것이 좋지 않은지 알아보도록 해요.

Frank: 나는 우리가 노력할 수 있을 거라 생각한다.

Betty: 고마워요, 아빠. 내 입장에서 보려고 노력해 주셔서 정말로 고마워요. 우리는 더 재미있는 시간을 가질 거고…… 알게 될 거예요. 나는 여기에 있는 것을 싫어하지 않을 거고…… 나는 여기에 있을 때 더 재미있는 시간을 가질 수 있어요.

치료사 A: 너희 둘, 정말 잘했어. 모든 단계들을 따랐니? Betty에게 피드백을 조금 해 주자.

Allison: Betty, 정말 좋았어. 그러나 처음에는 원하는 것을 말하는 것을 어려워하더라. Betty는 주로 사과하고 있었고…… 또는 무언가…….

Daniel: 가장 좋은 것은 그녀가 매주 전화로 이야기하고 편지를 쓴다는 생각을 한 거야. 그것이 Betty의 아버지가 지지하게 만든 것이었어.

치료사 B: 다른 제안 또는 생각은?

Betty: 너희들 모두 내가 그 이상을 할 거라 아버지가 기대했을 거라고 생각하니? 또는 내가 아버지보다 엄마를 덜 사랑한다고 말할 것을 기대하셨을까?

Frank: 몰라. 상처 주지 않았을 것 같아. 그러나 아마 너는 아버지가 처음 부분을 지지하는지 알기 위하여 그가 네가 더 잘할 거라고 말하는 것을 기다려야 해. 우리 Allison과도 이 협상 연습을 할 건가?

Eric: 우리들은 Allison의 역할 연습을 할 시간이 없어. 모든 숙제를 검사하지 않았거든. 우리들은 다른 사람들이 숙제한 것에 대해 들어야 해.

치료사 A: Allison, 다음 시간에 협상 연습을 해도 될까? 너희들 모두 다음 시간에 역할극을 잘할 수 있겠지? Allison, 협상에 대해 확신한다면 여기서 해 보고 학교에서 상담사와 함께 시도할 수 있어.

Allison: 협상을 시도할 수 있을 거라 생각해요. 어쨌든 상담사들은 나를 돕기로 되어 있고, 그것이 상담사의 일이니까요.

[집단구성원들은 과제를 검사한 후 등급을 주었고, 치료사는 다음주 과제를 집단구성원들에게 주었다. Allison은 '요약하는 자' 역할이, Carole은 '긍정적 비평가' 역할이 선택되었다. 집단은 임무를 끝낸다.]

Allison: 이건 어렵네. 글쎄, 충분한 이유가 있는 Daniel을 제외하고는 모두다 숙제를 잘했어. 우리는 그가 해명하게 했어. 그리고는 Betty가 협상하는 방법을 직접 해 보았는데, Betty와 Frank는 Betty가 한 달에 한 번 아버지에게 가는 것을 협상하는 방법을 연습하였어. 끝으로 우리는 포스터에 있는 우리의 목표들을 주목해서 보았고, 선생님들(치료사들)은 그 목표로부터 숙제를 할당하셨어.

치료사 B: 너는 이번 회기에 대해 좋았던 것과 싫었던 것 그리고 다음 시간에 우리가 해야 할 것에서 네가 보고 싶은 점에 대해 이야기하기로 되어 있다.

Allison: 어렵네. 다음번에는 '요약하는 자' 배지를 갖고 싶지 않아. 글쎄…… 나는 모두가 말했던 방법을 좋아해. 우리는 그것들에 대해 배우고 있어. 실제로 내가 싫어했던 것은 없었다. 그리고 우리들은 다음 시간에 나의 협상 역할극으로 시작할 것이라고 이야기했어.

치료사 B: 매우 잘했다. 요약하는 것은 어렵단다. Allison, 우리는 네가 도움이 필요하다면 도울 거야. 이제는 Carole이 '긍정적 비평가' 역할을 해야 한다. Carole은 돌아다니며 모든 구성원들 앞에 서서 그들에 대해 좋아했던 점, 또는 오늘 저녁 집단 안에서 우리가 했던 방식에 대해 좋았던 점을 우리에게 이야기해 보렴. Carole은 전에 우리들이 하는 것을 본 적이 있어.

Carole: 얼떨떨한데요. 앉아서 하면 안 되나요? (그녀는 걸어가서 각 구성원들 앞에 선다.) Allison, 모두에게 상기시키는 것을 정말 잘했어. 너는 나에게 큰 도움이 되었다. Betty, 너는 역할극에서 정말 잘했어. 그리고 도표에 적힌 모든 것을 했어. 나는 너의 아버지와 함께 정말 잘할 수 있고 네가 원하는 것을 얻기를 바란다. Frank, 너는 좋은 역할 연기자였어. 너는 Betty가 말했던 것처럼 아버지 역할을 했어. 아마 그도 너처럼 쉽게 양보하지 않겠지만 어쨌든 정말 좋았어. Daniel, 너는 우리의 최고로 예의바른 주인이었어. 너는 평소에 하는 것보다 더 많은 말을 했어. 네가 그렇게 말수가 없지 않다는 것은 좋은 일이야. Eric, 너는 엄격한 채점자였어. 그렇지만 잘했고 정말 공정했어.

[집단구성원들은 당황스럽지만 좋은 느낌을 가진 칭찬들과 긍정적인 비평에 감사한다. 그리고 집단구성원들은 Carole과 호감 어린 농담을 하며 치료실을 나간다.]

중기 단계

이 절은 14~16세 청소년 6명으로 구성된 외래환자 집단치료의 16번째 회기 내용을 발췌한 것이다. 집단은 3명의 여성 Allison, Betty, Carole과 3명의 남성 Daniel, Eric, Frank로 구성되어 있다.

집단은 잡담을 하며 기대감을 가지고 즉시 치료실로 들어온다. 이번 회기는 '부모의 뜨거운 의자' 실습을 시작하는 첫 회기다. Carole의 어머니와 계부는 '부모의 뜨거운 의자'에 참여하는 데 동의하였다. 사전에 집단에서는 Carole의 부모에 대한 유용한 질문들을 정하였다. 이러한 질문들은 여러 가지 목표를 두고 선택하였다. Carole이 그녀의 부모가 계속해서 매우 부정적인 태도로 그녀의 행위와 행동들을 말하는 것을 불평했기 때문에 긍정적인 피드백이 요구되었다. 다른 질문들은 부모에게 그들의 제한 설정과 가족 규칙들에 대해 집단이 피드백을 주는 데 목적을 두었다. Carole은 그 규칙들이 구속적이고 비현실적이라고 말했다.

치료사 A: 좋아. Carole의 부모님은 15분 내에 여기 오실 거다. 모두 지난번에 너희들이 하기로 되어 있던 것과 역할들에 대하여 명확히 알고 있니? Allison, 너는 집단 대변인 역할이야. 집단에서 동의한 질문 사본을 갖고 있니?

Allison: 예. 내가 Carole의 부모님에게 대답하는 데 어느 정도의 시간을 줄 수 있어요? 그리고 질문에 대답하지 않겠다면 어떻게 되나요?

치료사 B: 부모님이 질문에 대답하기를 원하지 않는다면 할 필요가 없다. 그러나 너희들 모두가 어떤 어려운 것들을 시도하겠다고 집단에 처음 왔을 때 동의했던 것처럼, 그들도 어려워도 해 보기로 동의하셨어. Daniel, 너는 부모 보호자다. 너의 역할이 편안하게 느껴지니?

Daniel: 나는 부모님이…… 어떤 것이 그들에게 너무 어려운지…… 또는 그들이 질문에 대답할 수 없는 것같이 행동하는지 지켜볼 거예요. 그때 나는 다른 질문을 하거나 그것을 생략하거나 또는 다른 것을 위해 대변할 거예요. 그래서 구성원 보호자는……

Eric: 나는 부모님이 Carole에게 너무 엄격하지 않다고 확신하지만, 그들이 Carole에게 어려운 시간을 주기 시작한다면 뭔가를 말할 수 있어요.

Daniel: 또는 주제 변경 같은 것을 할 수 있어.

Frank: 주인 역할로서 이번에는 해야 할 다른 것이 있나요?

치료사 A: 너는 C 부부를 안으로 모셔오고 모두가 자신을 소개하게 해야 한다. 모두 손님들이 들어올 때 일어나서 맞이하자. 그리고 주인은 역시 평소처럼 다과를 대접할 것이다.

Carole: 나도 질문을 하게 되나요?

치료사 B: 글쎄, 너는 모두가 할 수 있는 것처럼 부모님이 말한 것에 의견을 낼 수 있다. 그리고 부모님의 대답에 한층 더 깊은 질문들을 할 수 있다. 그렇지만 우리는 집단 대변인이 가장 좋은 질문이라 생각했던 것과 다른 질문을 꺼내지 않는 데 동의하였다.

Carole: 부모님이 질문하게 되나요? 어떤 질문들을 하게 되나요?

치료사 A: 원하는 어떤 것이라도 질문할 수 있다. 그러나 우리가 대답하기를 원하지 않는다면 하지 않아도 되고 이유를 말할 수 있어. 그리고 Eric이 Carole을 도울 거다. 그는 부모님의 질문이 너무 어렵다면 Carole이 다루기에 너무 어렵다고 말할 수 있다.

Frank: 부모님이 오셨습니다. 자, 시작할까요?

[Frank는 부모를 모시고 들어왔고, 부모가 자리를 잡은 후에 구성원들을 소개한다.]

Frank: C 씨, C 부인, 집단에 오신 것을 환영합니다.

C 씨: 고맙구나. 우리들은 말을 해야 된다는 이 모든 상황에 조금 긴장되는구나.

치료사 A: 우리 역시 모든 것이 당신들과 Carole을 위해 잘되기를 원하고 이 시간에 좋은 것들이 나오기를 원하기 때문에 조금 긴장됩니다. 정확하게 하기 위하여 Daniel이 도울 것입니다. Daniel, 말해 주겠니?

Daniel: 저는 부모 보호자입니다. C 씨 그리고 C 부인, 어떤 질문을 하시고 싶다면…… 그것을 싫어하시거나 그것에 대답하고 싶지 않으시다면…… 저에게 알려주십시오. 저 역시 지켜볼 겁니다. 그리고 원치 않으시면 대답할 필요가 없습니다.

C 부인: 고맙다. 알게 되어서 좋구나. 우리는 미리 그 질문들에 대해 알았으면 하고 너희들에게 물어볼까 생각했다. 사실은 우리가 물어볼 수 있는지 Carole에게 물었는데 안 된다고 말했거든.

치료사 B: 우리는 집단 내에서 대변인이 하기로 한 질문 외에는 다른 질문을 하지 않을 것입니다. 우리는 이 모임에 대해 무엇이든지 협상할 수 있었지만 그 질문들에 대해 조심스러웠습니다. 그리고 부모 보호자가 도울 것입니다.

C 씨: 우리도 질문을 하게 되나요?

치료사 A: 네. 원하시는 것은 무엇이든지 질문할 수 있습니다. 그리고 집단은 당신들이 말한 것에 대해 의견을 낼 것입니다. 또 구성원 보호자가 있는데요, 부모님께서 Carole에게 너무 어려운 질문을 한다면…… 이부분에 대해 이야기해 주겠니, Eric?

Eric: 예. 저는 질문이 Carole이나 다른 집단구성원들에게 너무 어렵다고 보인다면 규칙을 따르게 됩니다. 대신에 다른 질문들을 할 수 있을 겁니다.

Allison: 모두 시작할 준비가 됐습니까? 좋습니다. 첫 질문입니다. '얼마나 많은 사생활을 십대들이 가져야 하며, 얼마나 많은 사생활을 Carole에게 준다고 생각하십니까?'

C 부인: 나는 Carole이 많은 사생활을 가진다고 생각해요. 적어도 그 애가 사생활을 가지고 있다고…… 아마 여러분에게 말했을 거라고 알고 있는데……. Carole은 방에 마약이 있다

는 내용의 편지를 내가 읽은 것을 여러분에게 이야기했어요. 그 애는 그 편지를 방안에 남겨 두었고, 내가 청소하고 있을 때 읽었죠.

Betty: 실례합니다만, C 부인. 다른 사람의 편지를 읽는 것이 옳다고 생각하십니까?

C 부인: 글쎄, 우리가 그 애를 믿을 수 있다면 그 편지를 읽는 일은 없을 텐데. Carole이 과거에 마약으로 너무 큰 곤란에 빠진 적이 있었기 때문에 검사해야 한다고 느꼈던 거죠. 그렇지요, John?

C 씨: 너는 신뢰를 얻어야 한다. 나는 Carole이 중독자였다고 말하는 것은 아니에요. 그러나 방안에 마약을 감추어 두었고, 그 점은 그 애와 마찬가지로 우리를 곤란에 빠지게 할 수 있었죠. 우리는 집 안에 마약을 두지 않을 거예요. 여러분에게 하나 물어봅시다. 여러분은 얼마나 많은 사생활을 갖고 있으며, 부모들은 어떻게 여러분을 신뢰한다고 알고 있는지.

Betty: 나의 부모는 내 방에 절대 들어오지 않아요. 그렇다고 그들이 더 좋다는 것은 아닙니다. 우리는 서로의 사생활을 존중하도록 실제로 동의합니다. 그러나 나는 말해야겠습니다. 나는 내 방에 마약을 둔 적이 없어요. 그게 다를 겁니다.

Carole: 잠깐만요. 내가 방에 그 마약을 둔 지가 얼마나 오래되었는지 말해 주세요. 얼마나 오래되었는지를요.

C 부인: 일 년이 지났구나. 하지만 너는 우리에게 마약을 둔 것에 대해 거짓말을 하였고 우리가 너를 믿지 못하게 만들었어.

우리는 너를 검사해야 한다고 느꼈다. 그것은 우리가 네가 사생활을 갖기를 원하지 않는다는 것이 아니란다. 사생활은 모두에게 필요하다.

치료사 A: 그래서 어머님은 Carole에게 원하는 사생활을 주고 싶다고 말하고 있습니다. 그녀의 침실을 그녀에게만 속하게 하고, 또 그녀의 편지들도. 그러나 당신은 걱정거리들을 갖고 있습니다.

C 씨: 그렇습니다. 그 마약을 찾은 후에 Carole을 믿을 수 있다고 느끼지 못했어요. 그리고 Carole은 학교에서 마약쟁이들이라고 불리는 아이들하고 어울리곤 했어요. 그중 한 명은 구속까지 되었습니다.

Allison: C 씨, 하지만 Carole에게서 어떤 변화를 본 적이 없나요? 이 집단에서 그녀는 곤란에 빠질 기회가 여러 번 있었다고 말했어요. Carole은 문제가 될 수 있는 상황에 초대를 받았지만 거절을 했어요. 심지어 연루될 수도 있다는 것을 알기 때문에 정말 문제가 있는 친구 몇 명과는 멀리하였습니다.

C 부인: 우리는 Carole에게서 변화들을 보았는데, 처음으로 말해 보겠습니다. 그 애는 정말 예전의 Carole인 것 같아요. 여러분이 보았던 중에서 가장 귀여운 어린 소녀였지요.

Carole: 제발, 엄마.

C 씨: 너는 그랬어. 그리고 여전히 귀엽고 사랑스러운 소녀야. Carole의 많은 행동은…… 단지 강하게 보이려고 하는 거지.

Allison: 우리의 다른 질문과 연관된 부분이네요, C 부인. 그 질문은 'Carole의 장점은 무엇이라고 생각하십니까?' 입니다.

C 씨: Carole은 많은 감각이 있어요. 그리고 그 애가 원할 때 주위에 있는 것이 즐거움이 될 수 있어요.

C 부인: 그래요. 그 애는 예쁘고 똑똑하고 너무 사랑스럽습니다. 우린 그 애를 사랑합니다. 나는 생각해요. 그 이유 중의 하나는…… 나는 너무 두려워요…… Carole을 잃을까 봐 너무 두려워요. 생각만 해도 무서워서 죽을 것 같아요.

Carole: 무슨 말씀이시죠?

C 부인: 마약 때문에 무슨 일이 너에게 일어날 수 있겠지만, 나는 지금 걱정하지 않는다. 지금까지 많이 이야기하진 않았지만…… Carole의 친부는…… 그 애를 위해 해 준 것이 없고 그렇게 가까이 있지도 않아요. 그렇지만 Carole이 어떤 문제라도 생기면 나를 비난합니다. 전에 나를 협박한 적도 있어요. Carole이 정말 곤란에 빠진다면…… 친부는 나를 구속하려고 고소할 수 있을 만큼 충분한 영향력이 있습니다.

Carole: 엄마는 나에게 이런 상황을 말한 적이 없어요. 그렇죠? 나는 엄마가 이런 점을 걱정했다는 것을 정말 몰랐어요.

C 부인: 나는 언제나 생각해. 언제나 걱정한단다. 너를 잃는다는 것은 나 자신을 죽이는 거야. (C 부인은 거의 눈물을 흘릴 것 같았다. Carole이 다가가서 그녀를 안는다.)

치료사 B: 아마도 부모님께서 때로 그녀에게 너무 엄격해 보이는 이유들을 Carole에게 설명하는 것 같습니다.

C 부인: 큰 이유들 중의 하나입니다. Carole은 내 아기입니다.

치료사 B: Carole, 나는 어머니가 너에게 어떤 중요한 것들을 이야기하고 있다고 생각한다.

Carole: 예. 나는 엄마가 그런 일이 일어날 것을 너무 걱정하셨다는 것을 정말로 몰랐어요.

치료사 B: 너는 아마도 어머니 옆에 앉고 싶을 것 같은데……

(Carole은 자기 의자를 어머니 쪽으로 옮긴다.)

Allison: Daniel, 너는 부모 보호자다. 우리가 다음 질문을 계속할 수 있을까?

Daniel: 응. 계속할 수 있을 것 같아.

Allison: 이것 역시 같은 맥락의 질문입니다. '부모님과 Carole은 사생활과 다른 규칙들에 대해 양쪽 모두를 만족시킬 수 있는 규칙들을 여기에서 협상할 수 있습니까?

치료사 A: Carole을 잃는 것에 대한 당신의 두려움을 진정시킬 만한 어떤 규칙들을 갖도록 시도해 보라는 의미입니다. Carole, 너의 또 다른 관심사들은 무엇이지?

Carole: 예! 주말에 조금 더 늦게 밖에 있고 싶어요. 나는 10시 안에 들어가야 하는데 그때 영화는 끝나지도 않거든요.

치료사 A: 좋아. 한 번에 하나씩 협상하자. Carole, 사생활부터 시작해 보자. C 씨, C 부인, 저기에 협상을 위한 규칙들이 있습니다. (도표를 가리킨다.) Carole은 연습을 조금 하였고, 우리는 Carole이 시작하게 할 것입니다.

Carole: 내가 하고 싶은 것은 엄마가 내 방에 들어가고 내 물건들을 조사하고 내 편지를 읽는 것을 하지 않는 것입니다. 엄마가 그렇게 하면 내가 집의 어느 부분도 나의 것 또는 나의 소유가 아니라고 느끼게 됩니다. 그리고 내가 집 안에 마약을 보관했던 것도 일 년이 지났어요……. 나는 그때부터 한 번도 한 적이 없다고 말하지는 않겠어요……. 그렇지만 그건 거의 아무것도 아니었어요. 그리고 그때부터 집에 가져간 적이 없어요. 좋아요. (도표를 본다.) 내가 방안에 그런 것들을 절대로 두지 않을 거라고 약속한다면 내 방을 조사하지 않을 거라고 약속하시겠어요? 내가 어떤 마약도 전혀 하고 있지 않다는 것을 아신다면요?

C 씨: 기다려, Carole. 네가 그 약속을 지킬 거라고 우리가 어떻게 알 수 있을까?

Carole: 마약을 갖지 않은 지 일 년이 되었지요? 그리고 여기 있는 사람들에게 물어볼 수 있어요. 나는 조지를 비롯해 마약에 빠진 누구라도 멀리하려고 정말 노력했어요. 내가 얼마나 많은 것들을 멀리하고 있는지 모를 거예요. 내가 아는 유일한 것은 엄마, 아빠가 나를 믿어야 한다는 것이에요. 내가 그 믿음을 깨뜨린다면 해야 한다고 생각하시는 것을 해도 좋아요. 게다가 내가 친부와 살고 싶어 하지 않는다는 걸 알고 있잖아요.

C 부인: 나는 기꺼이 너를 믿고 싶구나. 네가 마약을 했다면 알 수 있을 거라 생각한다. 네가 어떤 마약도 하고 있지 않다고 완전히 확신할 수 있다면 기꺼이 나는 너의 방에 들어가지 않을 거다. 만약 계속 방에 들어간다면 그것은 네가 계약 중 너

의 부분을 계속 지키지 않고 있다는 것을 의미할 거다. 그 계약 중 너의 역할은 집의 안팎에서 네가 마약을 하고 있지 않다는 것이 되어야 할 거다.

Carole: 그것은 큰 문제가 아니에요. 나는 실제로 절대 하지 않아요. 나는 약속할 수 있어요. 이젠 귀가시간은 어때요? 누구나 10시는 너무 이르다고 해요. 그 시간에는 영화를 보다가 돌아올 수도 없기 때문이에요. 엄마, 아빠가 내가 11시까지 밖에 있어도 된다고 허락하신다면 나는 조지 근처에도 가지 않을 것을 약속합니다. 그리고 예를 들어 내가 영화 보러 가지 않기로 결정했다면 있는 곳을 알리기 위해 9시 정도에 전화하겠습니다. 엄마는 항상 우리가 할 것이라고 미리 이야기했던 것에서 조금이라도 상황이 변경되면 불평했어요.

C 씨: 그래, 알아……. 우리는 너를 책임지고 있고, 네가 어디선가 죽을 수도 있는데 네가 영화관에 있다고 생각했기 때문에 우리는 네가 어디에 있는지 알지도 못할 거야.

Carole: 좋아요, 알았어요. 나는 전화해서 어떤 변경 사항이나 어디에 있는지 알릴 것을 약속합니다. 기꺼이 시도만이라도 해 보겠어요? 내가 약속을 지키지 않는다면 엄마, 아빠는 언제든 다시 변경할 수 있습니다.

C 부인: 한 달 동안 네가 말한 방법을 시도해 볼 만하다고 생각한다. 그렇게 생각하지요, John?

C 씨: 우리는 언제나 기꺼이 다른 것들을 시도해 보았습니다. 단지 Carole이 약속을 지킬 거라고 믿을 수 없었을 뿐입니다.

치료사 A: 그것은 많은 특권처럼 보이고, 네가 갖고 싶어 했던 것들은 이젠 너에게 달렸다. Carole, 네가 약속했던 것을 지켜라. 그래야 네가 신임을 받을 수 있다.

Carole: 예, 저는 할 수 있어요.

치료사 A: C 씨, C 부인, 우리는 '뜨거운 의자' 위에 너무 오래 있게 하지 않을 거라고 약속했습니다. 집단의 질문에 조금 더 대답할 시간이 있습니까? 그렇지 않다면 묻고 싶은 질문이 있습니까?

C 씨: 원한다면 조금 더 질문해도 됩니다.

Frank: 나는 두 개의 질문이 있습니다. Carole이 집단치료에 참가하면서부터 변화가 있었다고 생각하십니까? 그리고 두 분 다 음료수를 드시겠습니까?

C 씨: 네. 음료수 부탁합니다.

C 부인: Carole이 이 집단치료에 참가하면서부터 이야기하기가 더 쉬워졌어요. 그 애의 주위에 더 좋은 친구들이 있는 것 같았고요. 그 애는 다르게 옷을 입는 것 같았고…… 더 예뻐진다고 언제나 생각한단다.

Carole: 제발, 엄마.

치료사 A: 때로 Carole은 칭찬을 받아들이는 데 곤란해하지만 원래는 칭찬을 좋아합니다. Frank가 다과를 차리는 동안 지금 조금 쉬는 게 어떻습니까?

[다과가 차려진 후에 집단구성원들은 서서 부모와 악수를 하고, 주인과 집단 대변인은 초대에 응한 것에 감사를 드린다. Carole은

어머니에게 팔을 두르고 문까지 부모님을 배웅한 후, 그 회기의 집단치료 요약과 토론을 위해 돌아온다.]

Carole: 놀랍군! 나는 엄마를 믿을 수 없어. 엄마가 그렇게 엄격했던 이유가 나를 잃는 것이 두려워서였다고 말한 적이 없거든.

Eric: 그녀의 아기를 잃는 것을 두려워하는.

Carole: 오, 그만해.

Allison: 나는 그 점이 너무 좋았다고 생각해. Carole이 엄마에게 얼마나 많은 것을 의미하는지 보여 주는 것 같아.

치료사 B: Carole의 어머니가 Carole을 정말 많이 사랑하고 잃는 것을 걱정하는 것 같다. 그렇지만 어머니가 Carole을 완전히 신뢰하려면 먼저 다시는 마약을 하지 않을 거라는 확신부터 줄 수 있어야 할 것 같구나. 너희들은 이 협상에 대해 무엇을 생각했니?

Carole: 나는 그 모든 것을 말끔하게 하지는 못했지만 엄마, 아빠가 동의했다는 것을 믿을 수 없어요.

치료사 B: 그렇지만 너 역시 많은 책임을 가지게 되었어.

Carole: 네, 알아요.

치료사 A: 변화하는 모든 것은 노력을 필요로 한다. 그리고 Carole, 너는 부모님과의 계약에서 너의 부분을 지킨다고 확신해야만 할 거야. 이 점이 우리가 더 이야기하고자 하는 중요한 것이다. 그러나 우리는 지금 빨리 요약을 해야 할 거다. 이 회기를 위해 모두가 그 밖의 다른 역할을 가졌기에 W 박사와 나는 요약을 할 거야.

치료사 B: Carole, 나는 너의 어머니가 너를 너무나 많이 사랑하고 있고, 그것이 너에게 엄격했던 이유였다는 것에 매우 감동을 받았다. 그리고 다른 부분은 네가 마약에 빠진 녀석들과 연루되어 있었다는 점인 듯한데, 협상의 한 부분으로 그들에게서 멀리 떨어져 있겠다는 것은 현명한 것 같았다. 너의 계부도 매우 합리적인 것 같았고. 그리고 나는 이 집단이 자랑스럽다. 너희들은 정말 모두 성장했고 성숙했고 이 회기가 긍정적이 되도록 도왔다.

Betty: 내 역할을 하고 있네요! 내가 이 회기 동안 '긍정적 비평가' 담당입니다.

치료사 A: 그렇군. 이번 회기에 대해 어떤 좋은 점이 있었는지 들어보자.

Betty: Allison은 좋은 대변인이었다. 그녀는 개입할 때와 질문할 때를 알았고 예의가 있었다. Frank는 주인으로서 잘했어. 다과를 대접하고 부모님을 편안하게 만들었다. Eric과 Daniel은 좋은 보호자였다. 나는 뭔가가 불편하다고 느끼지 않았어. 그렇지? 그리고 C 부부도 같은 것을 느꼈어. 부모님은 우리가 다과를 먹고 있었을 때 그렇게 말했다. 처음에 불편할까 봐 걱정했지만 조금도 나쁘지 않았다고 말했다.

치료사 B: 잘했어, Betty. 너는 항상 모두에게 좋은 피드백을 주는구나. Frank, 네가 다음 주 연락원이지? 모두 내주에 만나자.

후기 단계

이 절은 14~16세 청소년 6명으로 구성된 외래환자 집단치료의 28번째 회기에서 발췌하였다. 이 집단은 청소년 여성 3명 Allison, Betty, Carole과 남성 3명 Daniel, Eric, Frank로 구성되어 있다.

다음의 내용은 구조화된 역할 배분 연습 중의 하나에 대한 간단한 재검토와 집단치료에서 사용된 어려운 구조화 기술 중 하나의 예를 제공한다. 우리들은 각 구성원에게 한 주에 대해 보고하고 중요한 어떤 감정들 또는 경험들을 나누도록 요청하면서 집단구성원 사이를 순회한다. 집단의 치료 작업을 위하여 세 개의 특별한 역할이 구성원에게 임명된다. 각 구성원은 집단에서 어떤 제안을 말하거나 만들기 때문에 각자의 왼쪽에 있는 구성원이 '감정 반응자' 역할을 하게 된다. 그 구성원은 화자가 표현한 것에 대해 느끼는 감정들을 언어적으로 응답해야 한다. 또한 화자에 의한 진술에 어떤 정보를 추가하거나 자신의 감정을 언급해야 한다. 화자의 오른쪽에 있는 구성원은 '질문자' 가 된다. 질문자의 기능은 집단구성원이 현재의 화자에게 무엇이 일어나고 있는지 이해하기 위하여 알아야 할 필요가 있을 수 있는 질문을 제기하는 것이다.

세 번째 역할은 정상적으로 명예로서 구성원들에게 주어지거나, 그들이 집단구성원의 자격을 위한 초기의 모든 목표들을 달성한 후에 '동료 지도자' 가 될 때 주어진다. '성취자' 는 어떤 때에는 집단구성원의 현재의 목표들에 대해 말할 수 있다.

이 회기에서 Eric은 성취자다. 그는 성적에 대해 갈등 중인 부모와 '휴전'을 협상하였고, 귀가시간에 대한 새로운 가정 규칙들, 가족의 차를 운전하는 것 등을 협상하면서 그가 말했던 성적을 증진시키는 목표들을 달성하였다. Betty가 먼저 이야기한다. 그녀의 왼쪽에 있는 Daniel은 감정 반응자가 된다. 그녀의 오른쪽에 있는 Allison은 집단구성원을 위해 질문자가 된다.

Betty: 글쎄, 나는 오늘 저녁 여기에 오지 못할 뻔했어. 아빠는 또 그랬어. 나의 주말을 망쳐 놓았어. 나는 사정이 더 나아졌다고 생각했는데, 그들은 방해하고 있어. 내가 한 달에 한 번 또는 두 달에 한 번 거기에 가지 않는다고 동의했을 때부터…… 그러나 그 후 아빠는 항상 그 시간을 잡고는 마지막에 가서야 초과근무를 해야 한다며 주말을 변경하고 싶어 해.

Daniel: 너는 반드시 행복해야 되는 것처럼 보인다. 어쨌든 너는 가고 싶어 하지 않았어. 그러나 너는 불행해하고 화를 내. 나는 네가 아버지를 만나러 가는 것보다 오히려 불행하게 될 거라고 느껴져.

Betty: 물론, 화가 나지! 나는 친구하고 무엇인가를 할 수 있었을 테지만 그녀는 내가 아빠 집에 있을 거라고 생각했고 지방에 갔어. 그래서 나는 할 일 없이 주말 내내 혼자 앉아 있었어. 아빠가 벌써 두 번째 그렇게 만들었어. 나는 갈 필요가 없어서 기뻐…… 그렇지만……

Allison: 너는 그저 아버지가 그렇게 하게 놔두는데, 아무것도 말할 수 없었다고 느끼지 않았니? 2주마다 아버지한테 가지 않을 것을 생각해 냈을 때 너는 자신에게 집중했어. 때로 너는 두 달마다 가는 것까지도 할 수 있다고 했는데…… 무엇이 네가 아버지에게 말하는 것을 막고 있지?

Betty: 몰라. 나는 할 수 없었어. 그저 좋다고 말했을 뿐이야. (다른 집단구성원들이 웅성거린다.)

Eric: Betty, 너는 하고 싶은 것을 했어. 2주마다 주말에 아버지를 만나러 가는 것에서 벗어났어. 하지만 네가 어떻게 느끼는지 실제로 아버지에게 말하지 않았어. 네가 주말에 더욱 여기에 있어야 했던 이유를…… 충분한 이유를. 그리고 여기에 있고 싶었던 이유가 있었는데, 네가 어떻게 느꼈는지 진심으로 말했니?

Betty: 아니, 말하지 않았어. 우리가 여기서 (역할 수행) 그 점에 대해 조금 말했다는 것은 알지만 나는 아버지한테 말할 수 없었어. 그리고 전화로도 말할 수 없었어. 그것은 너무……

Eric: 좋아. 편지는 어때…… 너의 느낌을 편지로 쓰는 건 어때?

Daniel: 그래! 너는 글을 잘 쓰잖아. 네가 읽어 준 그 시는 정말 좋았거든.

Betty: 할 수 있을지도 몰라. 전화로 말하는 것보다 더 잘할 수 있을 거야.

Eric: 우리 모두 너를 도울 수 있을 거야. 여기 집단에서 그 편지를 쓸 수 있을 거야.

Betty: 너희들이 나를 도와주겠다면, 너희들이…… 내가 편지를 다 쓰면 수정할 수 있을 거야. 내가 할게…… 다음 번에 그것을 가져올게.

치료사 A: Betty, 두 개의 편지를 써 보겠니? 하나는 네가 정말 보낼 거고, 다른 하나는 아마 보내지는 않겠지만 네가 하고 싶은 이야기를 다 써보는 거야.

Eric: 그래! Betty야. 네가 어떻게 느끼는지 너의 아빠에게 알릴 기회야.

Betty: 알겠어. 네가 옳아.

Daniel: 그러나 너는 생각을 아빠에게 전하는 것을 두려워하는구나. 그렇게 하면 속상해할 거고 아마 그때처럼 소리를 지를 것이고…… 그리고 네가 더 나쁘게 느낄 거라 생각하고…… 아버지가 원하는 건 무엇이든 했는데도……

Betty: 그래. 하지만 다음 번에 그 편지를 갖고 오겠어.

Frank: 만약 우리가 Betty가 아빠에게 편지 쓰는 걸 도울 거라면 내가 폴라에게 편지를 쓰는 것도 도와주는 건 어떠니?

Carole: 내가 너희들의 질문자 맞지? 나는 폴라가 너에 대해 어떻게 생각하는지 그리고 그녀가 결코 진실한 느낌들을 너에게 이야기한 적이 없다는 것으로 우리가 이미 결정했다고 생각하는데. 그래서 너는 네가 결코 그녀와 어떤 사이인지 알 수 없을 거라고. 그녀를 포기할 거라고 모두에게 말하지 않았니? 그러니까 말하려는 요점이 뭐지?

Allison: C 박사님이 저기 앉아 계셔서 내가 너희들의 '감정 반응자' 가 되어야 하는 구나. 글쎄, 너희가 Carole을 조금은 질리게 하지 않았을까? 나는 그래. 네가 결국 누군가를…… 여자 친구를 발견했기 때문에. 단지 너는 그녀가 너에 대해 어떻게 생각하는지 모르기 때문에, 그게 네가 그녀를 포기해야 한다는 것을 뜻하지 않아……. 아마 그녀 자신도 어떻게 해야 좋을지 몰랐을 거야.

Eric: 그래, 그것이 너의 목표 중 하나였어.

Frank: Carole은 어떤 것도 뜻하지 않았어.

Carole: 아니야. 나는 너희들을 다그치지 않았어. 나는 바로 그런 방식이야. 나는 누군가에게 직접 말할 뿐이야. 바로 어딘가를…… 바로 내가 생각한 것을. 나는 직선적이야.

Eric: 그리고 목표에 대해서 말하자면…… 그래, 그 방식 바로 그 방식이 너를 학교 여자화장실에서 밀려나오는…… 너의 목표 중의 하나가 서로 잘 지내기를 바라는 것이라 말했잖아.

Carole: 사과할게, Frank. 시작해. 나는 집착하고 있나 봐. 정말 그래. (웃음)

이 간결한 발췌는 질문자와 감정 반응자의 역할 분배를 교대로 할 때 나타나는 효과들에 대한 독특한 맛을 준다. 우리의 집단치료 경험에서 이 구조화된 역할 분배는 집단구성원 사이의 상호 교환의 자발적인 흐름을 방해하지 않았다. 대신에 각 역할들은 구성원들이 과정을 위해 증가된 책임을 가지며 치료사들의 개입에 덜 의존하는 것으로 나타나는 것 같았다.

11 부모를 위한 쟁점*

일반적인 제안

긍정적인 피드백

때로 기억하기 어렵겠지만 청소년들은 자신의 발전을 위해 필요한 것들에 대해 듣는 것은 물론 자신에게 유익한 것들을 들어야 한다. 당신이 자녀에게 긍정적인 것들을 강조하는 대화를 자주 하는 것은 어떻습니까?

---

* 『소책자로부터 부모들을 위한 제안들(*Suggestions for Parents From the Booklet*)』에서 개작됨. 이 소책자는 여러 집단과의 작업을 통해 Billie Corder 박사와 Reid Whiteside 박사에 의해 개발되었다. 더 많은 정보를 얻고 싶으면 Corder 박사에게 연락하라.

개인적인 영역의 침범에 관련된 이슈

청소년들은 개인적인 생활이 필요하며 그것은 그들에게 매우 중요하다. 여기에 가족 규칙을 만드는 것과 관련하여 집단치료가 제시한 특정 부문들이 있다.

청소년의 개인 공간에 관하여 이곳은 청소년의 사적인 영역이며 그가 그 방을 사용하는 가족의 행동 규칙들을 따르는 한 그 공간을 인정해야 한다. 전형적인 가족 규칙에는 불법적인 물건들을 두지 않고 사용하지 않는다, 금연한다(가족 규칙이라면), 다른 가족구성원에게서 훔친 물건들을 감추지 않는다 등이 있다.

개인 생활에 대한 보호를 위해 부모는 노크 없이 청소년의 방안에 들어가지 않고, 물건이나 의복이나 가구를 조사하지 않으며, 허락 없이 방안을 변경하지 않는다. 청소년은 적어도 명목상 방을 깨끗하게 유지하는 데 동의해야 한다. 또 세탁하기 위해 이불류와 옷을 옮겨야 하고, 세탁한 옷을 방안의 보관함에 다시 갖다 놓아야 한다.

집단에서는 청소년들이 개인 생활에 대한 권리를 박탈당할 수 있는 사항에 대해 이야기하였다. (a) 방안에 마약 또는 다른 부적절한 물건들을 두는 것, (b) 스스로를 해치는 계획들을 만들 거라고 나타내는 것, (c) 마치 부모님이 보기를 원하는 것처럼 주위에 '유죄가 되는 증거' 를 남겨 두는 것을 포함한다(예: 마약 파티를 계획하는 친구들에게 보내는 편지 등).

청소년이 개인 생활의 권리를 잃었다면 다시 찾기 위해 무엇이 필요한지도 알아야 한다. 방에서의 사생활에 관한 다음의 예들은 청소년이 사생활의 권리를 박탈당한 후에 되찾으려는 협상을 하기 위한 제안들을 포함한다.

자신을 파괴하는 행위나 협박 또는 말과 관련하여 청소년이 자기 자신을 해치려는 위협을 했다면, (a) 그들은 치료 중 부모와 토론하는 것이 좋다. (b) 그들은 방에 혼자 있을 때 청소년에 대한 규칙적인 검사를 예상하고 허락하는 것이 좋다. (c) 그들은 집단구성원이 다른 자기 파괴적인 협박들이나 말을 할 경우에 부모나 치료사들과 연락할 수 있는 집단구성원에 의해 허락된 가장 가까운 친구들과 토론하는 것이 좋다. (d) 그들은 집이나 자물쇠로 잠긴 곳에서 가져간, 자신을 해치기 위해 사용될 수 있는 모든 약물들, 권총들 및 다른 물건들을 가졌을 수 있다. (e) 그들은 생활, 가족 그리고 자신들이 변화하고자 노력하는 것들에 대해 어떤 건설적인 제안들을 강구하는 것이 좋다. 이 긍정적인 변화 방법들은 치료 중 가정에서 노력할 수 있는 것들이다. (f) 그들은 청소년이 사생활이 보호받는 이전의 상태로 돌아오기 전에 부모와 치료사들이 구성원과 함께 작업하면서 협상을 하는 것에 필요한 시간을 가진다.

다른 사람에게서 물건을 훔치고 그들의 방에 감추는 것과 관련하여 청소년은 (a) 그들이 다른 사람에게서 훔친 물건을 자신의 방에 감출 때, (b) 가족구성원 또는 다른 사람의 물건을 훔친 적이 있었던 것 때문에 부모가 청소년의 소지품을 검사해야만 할 때, 일시적으로 개인 생활에 대한 권리를 잃을 수 있다.

개인 생활 보호를 위한 이전 규칙으로 돌아간다는 것은 '개인 생활로의 복원' 을 위하여 다시는 그와 같은 행위를 반복하지 않을 것이라고 청소년이 보여 주는 기간을 설정함으로써 협상될 수 있다. 예를 들면, '복원' 은 도난당한 사람을 위해 특별한 일을 하거나 또는 훔친 물건에 대해 대가를 지불하도록 일정 기간 동안 그의 용돈을 줄이는 것을 포함할 수 있다. 훔친 물건의 가치나 도난당한 사람이 받았을 고통에 합당한 합리적인 기간을 설정한다(다른 사람에게 귀중했던 물건에 대해서는 적어도 한 달). 설정한 기간이 종료되면 개인 생활 보호를 위한 이전의 규칙으로 되돌아간다.

전화 통화와 관련하여 전화와 관련된 사생활은 청소년이 소중히 여기는 부문이다. 청소년이 책임질 수 있는 범위에서 가능한 많은 사생활을 보장받게끔 전화를 주고받을 수 있도록 허락해야 한다.

책임은 다음과 같은 방법들을 의미한다. (a) 다른 사람들을 방해할지 모르는 가족의 취침시간 이후에는 전화를 받지 않는다. (b) 전화를 독점하지 않으며 다른 가족구성원이 전화를 하거나 받는 것을 방해하지 않는다. (c) 자신이 지불할 수 있는 장거리 전화 요금을 계산하여 그것을 초과하지 않는다. (d) 자기 파괴적인 계획과 관련이 있거나 불법 행위와 연루된 대화에 대해서는 전화를 사용하지 않는다.

청소년이 자기 스스로를 책임질 수 없다면 전화 사용은 일시적으로 금지되어야 한다. 전화 사용 금지에 대한 시간 제한 정도는 부모와 청소년 간의 협상에 의해 결정되어야 하지만, 대개는 일주일을 초과해서는 안 된다. 그 시간 후에는 다시 새로운 '책임의 시도'가 설정되어야 한다.

규칙들이 계속해서 깨진다면 제한된 시간의 정도는 새로운 책임이 부과되기 전까지 증가될 필요가 있다.

편지 왕래와 관련하여 청소년들 사이에 오가는 모든 편지 왕래는 완전한 사생활이 되어야 한다. 이는 부모 또는 가족이 읽어서는 안 된다는 것을 의미한다. 이 특권은 청소년이 편지 속에 자기 파괴적인 계획이나 불법적인 행동을 썼을 때, 집 외의 다른 곳에 우연히 남겨진 편지 또는 메모의 내용이 부모에게 특별한 걱정을 불러일으킬 때(중대한 규칙을 깨뜨리거나 불법 또는 자신을 해치는 행동 등을 위한 계획들) 잃을 수 있다.

청소년의 이러한 특권들은 부모님의 걱정거리의 근거가 된 행동에 대한 해결책을 부모와 청소년이 협상한 후에 회복될 수 있다. 치료사들이 이런 부분을 도와야 할지도 모른다.

청소년을 위한 '자유' 또는 독립

대부분의 십대 청소년들은 그들이 가질 수 있는 모든 독립을 원한다. 집단치료는 보통 대부분의 부모들이 만족하는 정도의 독립과 십대가 다룰 수 있는 정도의 독립과 관련하여 실현 가능한 것을 토론하였다. 집단이 독립과 관련하여 제정된 규칙과 규제들을 협상하는 방법들은 귀가시간과 시간 제한이다.

귀가시간과 시간 제한 각 가족은 모두에게 요구되는 수면시간과 일 또는 학교 일과의 부담들을 다루는 활동에 근거를 두고 귀가시간에 대한 통제의 필요성과 체계를 가진다. 이것은 청소년과 부모가 함께 협상해야 한다. 중요한 것은 십대들이 일과 학교의 부담을 계속해서 다루며 건강하고 기민함을 유지하면서 그 제한을 완전히 준수할 수 있는지 알기 위하여 귀가시간에 대한 그들 자신이 제시한 한계들을 시도하도록 하는 것이다. 그러나 가족 내의 다른 구성원들과 청소년의 필요성은 고려되어야 한다.

귀가 시간 또는 규칙들이 깨진다면 외출을 금지하거나 '복원' 을 위한(집안일을 주는 등) 특정한 시간이 설정되어야 한다. 시간의 길이는 규칙을 깨거나 규칙을 깬 것에 대한 심각성의 정도에 따라 다른 가족구성원에게 야기한 불안 정도에 의존해야 한다(얼마나 오랫동안 이탈했는지, 그것을 피할 수 있었는지 없었는지 등). 일반적으로 덜 심각한 위반들에 대해서는 짧은 기간(일주일 이하)의 외출 금지 또는 약한 처벌이 좋다. 또한 복원을 예상할 수 있다(용돈을 주지 않음, 여분의 집안일 등).

성적 행동에 대한 일반적인 규칙

각 가족은 가족의 신조, 종교, 기타 등에 근거를 두고 성적인 표현에 대한 자체의 규칙들과 기대들을 협상해야 한다. 일반적으로 청소년들은 스스로 도덕적 가치들을 강구해야 할 것이며, 그들이 혼자 있을 때 자신에 대해 무엇이 책임 있는 행동인지 판단하고 결정해야 할 것이다.

부모는 그들이 생각하기에 무엇이 용인될 수 있는 행동인지 매우 명확해야 하며 기대하는 것을 청소년에게 말해야 한다. 이것은 청소년이 부모의 가치관과 규범들을 받아들일 수 있을 것이라는 것을 뜻하지 않는다.

가능한 한 부모는 어떠한 행동들을 용인할 수 없고 그것들을 묵과하지 않겠다는 것을 청소년이 분명하게 알도록 해야 한다. 이것을 지킬 수 있다면 사랑은 줄이지 않을 거라고 덧붙여 말할 수 있다. 실망하고 걱정하고 화가 날 수 있지만 그들의 다른 성적인 규범으로 인해 청소년을 증오하지 않아야 한다.

다음으로 청소년은 부모가 항상 동일한 생각과 규범들을 가진다고 기대해서는 안 된다. 부모의 감정에 존중을 보여 주는 것과 마찬가지로 부모의 규범을 존중하여야 한다. 부모의 규범에 용인될 수 없는 행위를 부모가 허락하거나 용서할 것이라고 기대해서는 안 되며 부모 앞에서 그러한 행위를 자랑해 보여서도 안 된다.

많은 청소년들은 성적인 행동을 다루는 데 그들 자신의 규범을 사용할 것이다. 이 규범들은 부모와 다를 수 있다. 부모가 동의하지 않는다면 그들은 피임 선택에 관해 토론하는 데 어려움을 가질 수 있거나 이런 선택들을 허락하는 것을 믿지 않을 수 있다. 집단치료는 사람이 성적으로 활동적이라면 임신을 피하고 성적으로 전달되는 질병들을 피하기 위해 보호책을 가져야 한다고 느낀다. 집단치료는 부모가 그들과 다른 어떤 규범을 용서하지 않는다는 점에 대해서는 확실하게 이야기할 수 있지만 청소년이 피임이나 성

병에 감염되는 것을 방지하기 위한 정보를 찾는 것을 방해해서는 안 된다. 자신들의 규범을 십대들에게 이야기할 수 있고 청소년으로 하여금 스스로의 행동에 책임을 져야 한다는 것을 말할 수 있다.

십대 청소년이 아이를 낳았다고 해도 미성년자이기 때문에 청소년의 부모에게 그 아이를 돌볼 책임을 강요해서는 안 된다. 청소년이 성적으로 활발할 정도로 나이가 들었다면, 그들은 책임 있게 피임을 하고 원하지 않았던 임신을 다루는 방법과 강제 결혼 또는 혼자만의 양육에 대해 어렵고 힘들고 슬픈 결정을 해야 한다.

물질 남용과 가정에서 이를 다루는 것

부모는 술, 마약, 그 외의 물질 남용에 대한 그들의 규범은 물론 어떤 법적 책임들을 가진다. 법적으로 그들은 미성년자들에게 그 사용을 허락하거나 묵인할 수 없다. 특권과 용돈이 사소한 위반으로 취소될 수 있다. 십대들이 실제로 남용문제를 보인다면 특별한 치료시설에서의 입원치료의 도움을 요구할 수도 있다. 오늘날 많은 십대들이 술 또는 다른 물질들을 시험해 본 적이 있다고 한다. 부모는 그들의 태도와 규칙들을 표현해야 하며, 가벼운 위반조차 처벌해야 한다. 이러한 결과에 대해서는 십대 청소년과 부모 사이에 협상할 수 있다.

성적과 학업

모든 부모들은 자신의 십대 자녀가 학교에서 좋은 성취를 하기 원한다. 학업성취와 함께 각각의 개인 문제는 다르다. 때로 공부, 성적 등을 위한 기대와 규칙들을 협상하기 위해 치료사가 필요하다. 대부분의 청소년들은 매일의 공부를 위해 특정 시간들이 설정될 수 있다는 데 동의한다. 집단의 어떤 십대들은 학습을 따라가기 위하여 특별한 개인지도나 도움이 필요하다고 느끼지만, 정작 부모에 의해 이런 것이 주어질 때는 좀처럼 효과가 없고 보통 갈등으로 이어지는 경우가 많다. 근본적으로 청소년 집단은 학창 시절 동안의 데이트 또는 활동에 대한 제한이 도움이 되었다고 느꼈다. 그러나 청소년에게 가해지는 대부분의 처벌과 광범위한 외출 금지는 성적을 향상시키는 데 도움이 되지 않았다고 느꼈다. 낮은 성적의 원인이 저하된 학습 능력 때문이라면 학습 능력을 증진시키는 도움이 필요할 것이다. 또 그 원인이 심리적인 문제로 심리치료가 필요한 경우라면 변화를 협상하는 것을 돕고 성적에 과도하게 부담을 주지 않는 현실적인 목표를 설정하는 것이 필요할 것이다. 일반적으로 청소년 집단은 부모가 '처벌(채벌)로 좋은 성적들을 강요할' 수 없다고 느꼈다.

12 성 학대를 받은 소녀들을 위한 구조화된 단기 집단치료

자료의 신뢰성에 대해 논쟁이 있지만, 많은 연구자들은 우리 사회에서 어떤 형태로든 5명의 여성 중 1명 정도가 성적 학대를 경험한다고 추정하고 있다(Burgess et al., 1978). 이런 예상들이 신뢰성 있는 연구라면 학대 경험자들을 위한 교육과 치료적인 개입은 불가피하다. 외상적 충격이 있는 아이들에 대한 전통적인 정신치료가 초기 불안을 경감시키는 데 실패할 수 있다는 지적들이 있다. Terr(1981)는 Chowchilla 학교 버스 납치와 관련된 아이들에 대한 그녀의 연구에서 아이들이 치료 개입 후에도 그 사건의 재현과 다른 불안 징후들을 계속해서 나타냈다고 보고하였다. 우리는 성 학대로 인한 외상 충격을 다루는 치료는 카타르시스에 초점을 두는 것보다 본질적인 치료에 초점을 두어야 한다고 보았다. 게다가 Michael Rutte(1978), Anthony, Cohler(1987)의 연구는 성적 학대를 받은 아이들의 만성적인 스트레스와 외상에 대처하기 위해 방어체계를 만들어 내는 성적 학대의 치료에서 유용한 개념들을 강조하였다.

성적 학대에 취약한 아이들의 대처기제는 환경의 재인식, 다른 사람들에게 도움을 요청하는 능력, 충분한 문제해결 능력, 지적으로 처리하는 능력 그리고 자존감을 유지하는 능력으로 설명되었다. 우리의 연구는 이러한 외상에 대한 대처를 숙련하도록 촉진하기 위해 성적 학대를 받은 아이들과 이런 체계들을 구축하기 위한 구조화된 치료의 가능성에 초점을 두었다(Corder, DeBor, & Haizlip, 1990; Corder & Haizlip, 1989).

집단치료는 성적 학대로 사회복지기관에서 우리에게 의뢰한 12~13세 어린 소녀들을 대상으로 진행되었다. 이 소녀들은 사회복지기관의 담당자에게 개별적으로 적절한 관리를 받지 못하고 있었다. 소녀들의 지적 수준은 평균 수준이었고, 그들 가족들의 사회경제적 위치는 중 · 하위층에 속하는 수준이었다.

집단치료에서 사용된 구조화된 기술과 자료

집단에서 사용된 구조화된 자료들은 개인 회기들에서 다른 성적 학대를 받은 아이들과의 2년간에 걸친 작업을 통해 만들어졌다. 이 자료들은 제한된 시간에서 20주 이내에, 비공개 치료집단에서 집단을 위한 회기들을 구조화하는 데 사용되었다. 회기는 한 시간 동안 진행되었고, 25~35세 사이의 어머니들은 초기 회기 후 3회기마다 집단치료에 참석하도록 초대되었다.

1회기에서 3회기까지

1회기 첫 회기에서 소녀들은 짧은 시간 동안 자유로이 서로 짝을 이루고, 자신의 짝을 집단에 소개하기 위해 서로에 관한 정보를 찾도록 요청받는다. 내용은 짝의 이름, 나이, 학교, 세 가지 특별한 관심, 그리고 그들이 집단치료 안에서 성취하고자 하는 적어도 하나 이상의 것을 말하는 것을 포함한다. 동시에 어머니들도 서로 짝을 이루며 유사한 임무가 주어진다. 어머니들이 나누는 정보는 이름, 자녀 수, 집 밖에서의 직업, 그리고 그들이 이 집단치료 안에서 알고 싶어 하는 것을 포함한다.

집단치료 지도자들은 다음과 같이 집단치료의 목표들을 개략한다.

- 집단 경험에서 자기 혼자가 아니었다는 것을 배우는 것
- 성적 학대에 대한 자신의 감정들을 표현할 수 있을 것
- 자신의 생활에서 학대와 다른 문제들을 다루는 자신과 능력에 대해 긍정적으로 느끼는 것을 배울 것
- 학대에 대한 인식과 또 다시 학대 상황을 만났을 때 거부하는 방법들을 배울 것
- 성적 학대에 관한 사실들을 배울 것(그 원인들을 이해하기, 치료

에 대해 알려진 것 등)

- 아버지와 아버지 대리인의 성적 학대에 대한 어머니와 딸 사이의 감정에 대해 이해하고 작업할 것

집단 지도자들은 집단에서의 정보와 토론 내용을 사용하여 모든 집단구성원이 함께 작성할 '자신을 보호하고 강해지도록 하는 지침서(Getting Safe and Strong Book)'를 설명하는데, 이 지침서는 각 구성원이 집단의 작업을 상기시키게 하기 위한 것이다.

2회기와 3회기 이 회기는 집단구성원들이 관계를 형성하고 참여자로서 약속할 수 있는 집단의 목표들을 수립하기 위해 사용된다. 지도자들은 성적 학대와 관련하여 '세 가지 소망'을 이야기할 것을 요청하면서 집단구성원을 순회한다. 지도자들은 "우리들은 이 소망들이 모두 실현되게 할 수는 없지만 최대한 이루어지게끔 노력할 것이다. 우리들은 실현할 수 없는 그 소망들에 대한 우리의 감정들을 다루는 방법과 우리가 실현할 수 있는 소망의 부분들을 찾아내는 방법에 대하여 대화할 것이다."라고 언급함으로써 단계를 설정한다.

많은 소녀들이 유사한 '소망'을 표현하지만, 다음에 제시되는 내용은 그들이 인지한 중요 순서대로 작성되었다.

우리는:

1. 그 학대가 원래 없었기를 바란다.

2. 그 학대자가 우리가 좋아하고 믿었던 친부 또는 계부가 아니었기를 바란다.
3. 그 학대가 다시는 일어나지 않기를 바란다.
4. 그 학대가 우리의 형제자매들에게 또는 그 누구에게도 일어나지 않기를 바란다.
5. 그 학대가 한 번 이상 지속되지 않기를 바란다.
6. 우리가 학대에 대해 잊을 수 있기를 바란다.
7. 우리에게 학대를 가했던 사람이 그 행위를 부정하지 않기를 바란다.
8. 우리의 어머니 그리고 모두가 처음부터 우리를 믿었기를 바란다.
9. 누군가가 우리에게 학대를 한 이유에 대해 우리가 이해할 수 있기를 바란다.
10. 우리가 믿을 수 있는 사람과 믿을 수 없는 사람을 구분할 수 있기를 바란다.
11. 우리가 정말 사랑했던 사람과 처음으로 성관계를 가질 수 있기를 바란다.
12. 그 학대자가 치료될 수 있기를 바란다.
13. 그 학대자가 치료될 수 있다면 우리 가족도 이전으로 돌아갈 수 있기를 바란다.

어머니들이 다음 회기에 참석할 때 소녀들의 소망을 나누고 어머니들도 그들 자신들의 어떤 소망들을 나누도록 요청받는다. 다음의 내용은 어머니들의 소망이다.

우리 어머니들은:

1. 그 사건으로 인하여 온 가족이 혼란스러웠던 것이 안정되기를 바란다.
2. 우리들이 아이를 학대했던 남편이나 계부가 나쁘다는 생각에 가해자에 대해 더 이상 혼란스러운 감정이 없었으면 좋겠다.
3. 우리의 딸들이 애초에 우리가 딸들을 믿지 못했던 이유를 이해하기 바란다.
4. 우리의 딸들이 규칙에 순응하기 위해 특별히 노력할 수 있기를, 그리고 이 어려운 시기 동안 갈등하지 않기를 바란다.

이러한 소망들을 작성하는 것은 집단 안에서 자신들의 감정을 통찰하게 하고 학대와 관련된 많은 이슈들을 이끌어 낸다.

목록을 작성하는 목적의 하나는 집단치료의 특정한 목표들을 설정하는 것이며, 그 목표들을 집단구성원들의 욕구와 직접 연관시키는 것이다. 지도자는 그 목록을 재검토하고 목표들을 구조화하기 위해 구성원들이 제시한 소망들을 칠판이나 큰 포스터 위에 기록한다. 재진술된 목표들과 소망들의 목록은 대개 다음과 같은 내용이다.

집단치료에서:

1. 우리는 성적 학대에 대한 느낌과 두려움을 다루는 것을 배울

것이다.

2. 우리는 한 사람에 대하여 두 가지 상반된 감정들을 가질 수 있다는 것과 많은 좋은 점들을 가진 사람들 역시 우리가 그들을 신뢰할 수 없도록 만드는 병들고 학대자가 될 수 있는 상반된 면을 지닐 수 있다는 것을 배울 것이다.
3. 우리는 자신을 더 안전하게 만드는 것과 또 다시 희생자가 되는 것을 피하기 위한 방법을 명확히 배울 수 있다. 우리들은 자신을 보호하는 방법도 배우게 된다.
4. 우리는 우리의 형제자매들이 자신을 안전하게 보호하고 지키도록 가르치는 방법들을 배울 수 있다.
5. 우리는 서로에게서 그 학대에 대해 말하기를 꺼려했거나 그때 학대를 중지시키고자 시도하는 것이 두려웠던 이유들을 배울 수 있다. 그때는 그때였고, 지금은 지금이다(That was then and this is now). 이제 우리는 즉시 도움을 구하는 방법을 배울 것이다.
6. 우리가 완전히 잊을 수는 없지만 '사고 중지(thought stopping)'* 방법과 우리가 학대에 대하여 우리 자신을 생각하는 방식을 전환할 방법에 대하여 배울 것이다.
7. 우리는 그 사람이 자백하도록 할 수 없을지 모르나 그들이 학대를 했던 이유와 그 행동을 시인할 수 없는 이유를 더 잘 이해할 수 있다. 그리고 우리가 그것에 대해 그들에게 정말로 말

* 역주: 학대로 인한 괴로운 기억을 일시적으로 정지시키는 것을 말한다.

하고 싶은 것을 훈련할 것이다.

8. 우리는 왜 어머니가 이 무서운 일이 가족 안에서 발생할 수 있다는 것을 받아들이는 데 어려움들을 가지는지, 그리고 왜 어머니가 공포와 분노 때문에 그녀를 인정할 수 없었는지 그 모든 이유를 배울 것이다.
9. 누구도 성적 학대의 원인을 정확히 모르지만, 우리들은 어떤 사람들에게 그런 일이 일어날 수 있는지 논의할 것이며 그에 대해 더 잘 이해할 것이다. 이것은 우리가 또 다시 희생자가 되지 않도록 도울 것이고, 자신을 보호하는 방법을 배우지 않는다면 누구라도 학대받을 수 있다는 것을 이해하게 할 것이다.
10. 학대가 발생하기 전에 배우지 않았거나 우리가 지금 배우고 있는 모든 것들을 이해하지 않는다면 우리가 어린 시절에 누구를 믿어야 할지를 아는 것은 어렵다. 그러나 그것을 피하기 위해 우리가 알아야 할 상황들과 그것이 발생할 때 무엇을 할 것인가는 알 수 있다.
11. 우리는 성적 학대가 피학대자에게는 매우 해로운 성관계라는 것을 배울 것이다. 우리는 나이 들고 누군가를 감정적 · 신체적으로 사랑할 준비가 될 때 애정 있는 성관계를 가질 수 있다. 이 점이 우리가 이야기하고 이해할 점이다.
12. 우리는 다른 사람들을 성적으로 학대한 사람들을 돕기 위하여 사용되는 방법들에 대해 이야기할 것이다. 그러나 그 사람들은 자발적으로 도움을 받아야만 한다. 그렇지 않으면 아마도 그들은 변하지 않을 것이다.

13. 우리는 우리의 가족을 위한 모든 소망과 더욱 현실성이 있는 소망에 대해 논의할 것이다. 가족들이 함께 다시 사는 것이 불가능하다면 이에 대해서도 다루어야 한다. 가족 중 누군가가 다시 함께 살기 위하여 노력한다면 우리는 그 상황에서 안전을 지키는 방법에 대해 논의할 것이다.

이 단계에서 어머니들의 소망들이 다음의 목표들로 재진술되었다.

집단치료에서:

1. 우리는 보통 가족이 영향을 받는 방식들을 배울 것이고, 집단치료 안에서 이 감정들을 다룰 것이며, 가정에서 이 감정들이 다루어질 수 있는 방식들에 대해 논의할 것이다.
2. 우리는 동일한 사람에 대해 상반된 감정을 가질 수 있다는 것을 배울 것이며, 우리의 신뢰를 잃은 사람에게서 현실적으로 기대할 수 있는 것을 주시할 것이다.
3. 우리의 자녀를 위한 목표들 중의 하나는 가족 안에서 발생되었던 매우 무섭고 부정적인 것을 믿는 데 있어 부모가 가지는 문제들을 이해시키는 것이다. 또한 우리는 이것이 왜 그렇게 어렵고 무서웠는지 그 이유를 배울 것이다.
4. 우리는 성적 학대가 있었던 가족 안에 갈등과 분노가 있는 모든 이유들을 이해하려고 시도할 수 있고, 집단과 가정 안에서 그러한 감정들을 다루는 작업을 할 것이다.

4회기와 5회기

집단구성원들은 학대로 인한 가장 힘든 상처들을 치료하기 위해 필요로 하는 세 가지의 '응급대책'*을 작성하도록 요청된다. 다시 '응급대책' 들이 칠판 또는 포스터 위에 작성된다. 이 단계에서 소녀들이 인지한 중요 순서대로 주요한 관심사가 다음과 같이 작성되었다.

내가 "현재(바로) 응급대책" 을 필요로 하는 나를 아프게 하는 것들은:

1. 나의 어머니의 변화와 어머니가 나를 믿지 않았다는 것
2. 학대자를 향한 분노 감정과 마찬가지로 나의 어머니를 향한 분노 감정을 다루는 것
3. 나의 어머니가 무슨 일이 있었는지 깨닫지 못했던 이유와 그것에 대해 무언가를 하지 못했던 이유를 미심쩍게 여긴다는 것
4. 어떤 방식으로든 가족에게 필요한 아버지(또는 계부, 아버지 대리인 또는 그누군가)를 잃는다는 것
5. 그 학대가 알려진 후에 다른 가족구성원들에게 비난을 받았다는 느낌과 좋은 것들로부터 버림받았다는 느낌
6. 내가 달라졌다는 느낌, 그리고 다른 사람들이 나에게 일어났던 것을 어떤 방식으로든 이야기할 수 있다는 것
7. 벌어지고 있었던 것에 대해 내가 실제로 어떤 것도 이해하지 못했다는 감정

---

* 역주: 즉각적으로 상처를 치유하고 보호한다는 의미다.

어머니들이 참석한 회기에서 이 상처들의 목록이 재검토되었고 어머니들에게 다음과 같은 자신의 목록을 만들도록 하였다.

어머니들은 다음의 이유 때문에 "응급대책" 받아야 한다.

1. 남편 또는 남자친구(학대자)에게 배신당한 느낌
2. 가족 부양과 남편을 갖는 것에 대한 필요성과 관련된 혼란스러운 감정, 그의 행동에 대한 분노와 혐오
3. 재정적인 문제로 우리 자신의 분노와 혼란스러운 감정을 가지고 있는 상황에서 딸들은 점점 더 통제하기 어려워지고 있다는 느낌
4. 우리의 딸을 보호하지 못한 것에 대해 사회복지기관과 다른 가족구성원들에게 비난받는다는 감정

이러한 '상처' 들은 학대의 이유에 대해 어머니와 딸이 공감하는 것, 일어난 사건을 이해하고 받아들이는 것에서의 어머니들의 어려움, 그리고 어머니들과 딸들이 그들의 감정들을 표현하며 기대하는 행동들과 가정의 잔일 등에서 타협안을 마련하는 훈련을 위한 계획들에 초점을 두어 집단치료를 위한 목표의 형식으로 재진술되었다.

이 회기들에서는 놀랄 정도로 많은 어머니들이 자신의 어린 시절에 아버지 같은 인물이나 다른 가족구성원들에 의해 성적으로 학대받았다는 것이 드러나게 되었다. 이러한 사실은 딸들에게 충

격적으로 받아들여지고, 믿을 수 없다거나 동정하거나 분노하는 등 다양한 형태로 반응하는 것이 보통이다. 구성원 대부분은 이러한 경험이 어머니들을 더욱 혼란스럽게 하고 학대가 그녀의 딸에게도 반복된 것을 받아들일 수 없다는 것을 이해할 수 있다. 이런 토론을 통해 달성해야 할 목표 중에 하나는 이런 상황에서 학대가 반복되지 않도록 성적 학대에 대해 이야기하고, 이런 양상이 다음 세대에서는 반복되지 않도록 자신들을 보호하기 위한 기술을 개발하는 것이다.

6회기에서 18회기

이 회기들에서는 이전에 개략한 특정한 목표들과 관련된 토론과 대인관계의 교류들을 지도하기 위하여 구조화된 실습과 기술들이 사용된다. 집단치료 토론을 위해 널리 쓰이고 있는 성적 학대에 관련된 교육적인 자료를 지도자가 소개한다. 치료사들은 소녀들이 더 어린아이들을 위해 개발한 소책자들을 읽는 것을 수락한다. 이 과정은 많은 목적으로 사용될 수 있다. 언어 발달이 낮은 소녀들은 더 단순한 수준의 자료들을 보며, 학대로부터 자신들을 보호하는 것에 대해 더 어린 자신의 형제에게 말하고 싶었던 것들을 구성하기 위하여 그 자료들을 활용할 수 있다.

부가되는 아이디어들

'이렇게 하면 좋지 않을까요?(Wouldn' t it be nice)' 를 제시하는 소책자들

본래 더 어린아이들을 위해 만들어진 이 소책자들은 6~9세 아이들을 위한 구조화된 집단치료에서 토론 안내서로 사용할 수 있는 색칠하는 형태의 책이다. 책의 페이지는 같은 형식으로 두 개씩 짝지어 펼쳐져 있다. 페이지들을 열면 책의 왼쪽 면은 두 부분으로 나뉜다. 그 페이지의 상단 부분에는 학대받은 아이들이 표현했던 어떤 소망들과 잘못된 관념들을 묘사하는 색칠을 하게 될 삽화들이 있다. 한 예로 '네가 너무너무 착하다면, 그래서 어떤 나쁜 일도 너에게 일어나지 않는다면…… 좋지 않을까요?' 라는 것이 있다. 여기에는 천사처럼 보이는 머리 위에 원광(halo)이 있는 어린 소녀가 그려져 있다. 그리고 그 페이지의 하단 부분은 색칠하고 토론할 수 있는 삽화를 보여 주는데, '그러나 실제로는(But the way it really is)……' 으로 시작된다. 위의 예의 하단 부분에서는 다음과 같이 설명한다. "네가 너무너무 착하다 하더라도, 그것이 좋은 사람에게 나쁜 것들이 일어나지 않게 지켜주지는 않는다. 좋은 사람들도 병으로 아플 수 있고, 사고를 당할 수 있고, 성적 학대도 받을 수 있다. 그렇기 때문에 나쁜 일이 일어났다는 것이 네가 나쁘기 때문에 벌을 받고 있다는 것을 뜻하지 않는다."

이 왼쪽의 반으로 나뉜 페이지와 마주 보는 오른쪽 페이지에는 "그것에 대해 우리가 할 수 있는 것(What we can do about it)"이라고 쓰여 있다. 이 페이지는 색칠하기 위한 삽화들을 예로 제시하고 전형적인 문제들을 다루는 방법에 관한 정보를 포함한다. 집단은 문제를 해결하는 기술들을 토론하고 훈련하며, 이 페이지에서 설명된 내용이 숙련되도록 연습한다.

주어진 예로 '그것에 대해 우리가 할 수 있는 것' 페이지에는 다음과 같이 제시되어 있다. (a) 자신을 보호하는 방법을 알기 전에 성적 학대는 누구에게나 일어날 수 있다는 것을 이해하기 위하여 이 집단치료에 참여한다. (b) 네가 나쁘기 때문이 아니라 학대자에게 이용될 수 있었기 때문에 학대 대상으로 선택되었다는 것을 이해할 수 있다. (c) 너는 이 집단치료에서 이런 감정들에 대해 자신에게 말하는 방법들을 배울 수 있다.

경험에 대한 인식의 변화를 위한 재명칭(relabeling)*과 자존감 발달

각 회기에는 자존감을 증진시키기 위하여 구조화된 긍정적인 피드백을 하면서 집단구성원을 순회하는 시간이 있다. 이것은 Berliner와 Ernst(1984)가 그들의 작업에서 사용했던 '자랑꾼들(brags)' 과 비슷하다. 회기의 끝에 각 소녀들은 그날 집단치료에 참석했던 사람들의 방식에 대해 좋은 것을 말하도록 요청받으며, 집

*역주: 자신의 인식의 전환을 위해 기존의 경험을 긍정적인 방향으로 명칭을 변경하는 것을 말한다.

단 지도자들은 각 구성원을 위해 개별적으로 '언어적인 긍정적 비평(verbal positive strokes)' 을 덧붙인다.

'사고 중지' 기술들과 더불어 학대 경험들에 관한 그들의 '인식을 재정립하는 작업' 의 부분으로서 소녀들은 '구호' 와 '응원' 을 배운다. 소녀들은 집단에서 이러한 구호와 응원에 대한 내용을 낭송하고 중압감을 느낄 때 자신에게 반복하도록 요구받는다. 그 예들은 다음과 같다.

> "나는 좋은 사람이다. 나는 내가 자랑스럽다. 내가 많은 것을 겪었는데도 얼마나 강해졌는지 보라."

> "그때는 그때였고, 지금은 지금이다. 나는 학대받지 않겠다. 나는 방법을 안다!"

전진하며 더욱 강해지는 게임

이 두 가지 버전의 독창적인 보드게임이 집단(사춘기 이전과 청소년)에 따라 사용된다. 게임은 학대 경험에 대한 긍정적인 인식의 전환에 도움이 된다. 구성원들이 숙련된 기술을 익힘에 따라, 게임 보드는 슬픈 계곡(sad valley)부터 배움의 호수로 나아가는 혼란스러운 산(mix-up mountain onward to learning lake) 긍정적인 초원(positive prairie), 그리고 마지막에는 안전한 평원(safe plain)과 영리한 산(smart mountain)으로 전진하고 있는 아이들을 보여 준다. 보드 위에서 도착할 지점을 선택하기 위해 주사위를 굴린다. 그 지점은 '배우기 카드들' '실습하기 카드들' 또는 '말하기 카드들' 로 표기된다.

'배우기 카드들' 은 게임 참여자들이 집단에 포함되어 있는 어떤 교훈적인 자료에 대한 실제적인 질문들에 답하도록 요구한다(예: 집단구성원 중 누군가에게 이 도시에서 얼마나 많은 아이들이 성적 학대를 당했는지 추정하도록 물어보라. 집단치료 지도자들에게 그들이 생각하기에 이 대답이 옳은지 혹은 그른지 이야기하게 하라.).

'실습하기 카드들' 은 카드에 적힌 상황에 대해 게임 참여자가 역할극을 하도록 요구한다. 집단구성원은 설명된 문제 상황에 적당한 해결책을 찾아내야 한다(예: 과거에 너를 즐겁게 하거나 겁나게 했던 교회의 어떤 사람이 너를 공원에 데려갈 수 있는지 너의 어머니에게 물어본다. 너는 어머니에게 뭐라고 말하겠는가? 그리고 네가 할 수 있는 것은 무엇인가?).

'말하기 카드들' 은 집단구성원이 성적 학대 경험 또는 그것에 대한 그들의 반응에 관한 개인적인 상황을 나누도록 요구한다. 이 항목들은 매우 낮은 수준의 개인적인 비밀 이야기와 친밀감을 포함한다(예: 네가 마침내 학대에 대해 말했던 사람을 어떻게 선택했는지 말하라. 너는 왜 그들을 선택했는가?).

긴장완화 기술

집단구성원들은 높은 수준의 불안을 다루기 위해 긴장완화 기술을 훈련한다. 이는 심호흡 훈련, 안전하고 목가적인 장소를 마음속에 그려 보는 훈련, 그리고 긴장 수준을 나타내는 청각적인 피드백을 주는 단순한 휴대용 피부 반응 기계에 대한 훈련을 포함한다.

이 훈련은 집단구성원들이 기억 속에 잠재된 불안을 다루는 방법과 기억에 의해 발생된 불안에서 벗어나는 방법들을 찾도록 돕는 데 중점을 둔다. 긴장완화 훈련은 '구호' 와 '응원' 으로 이어진다.

교훈적인 토론 자료

교훈적인 자료에 관한 토론은 미래의 안전을 보장하고, 의심스러운 상황들을 다루는 방법을 배우며, 성적 학대의 원인들을 이해하고, 학대에 대한 분노 감정들을 다루는 데 중점을 둔다. 다음에는 이러한 토론 안에 포함된 주제들이 개략되어 있다.

미래의 안전을 보장하는 것 이 주제는 청소년들이 학대로부터 자신을 보호하는 방법을 자동적으로 알도록 하는 것은 기대할 수 없다는 것을 소녀들에게 상기시킴으로써 시작된다. "그때는 그때였고, 지금은 지금이다. 너는 미래에 발생할 수 있는 학대로부터 너 자신을 보호하는 것을 배울 수 있다." 그 다음에 소녀들은 '너는 어떤 종류의 사람들을 의심해야 하는가?' 라는 질문에 대한 답들을 작성하도록 요청받는다. 이 단계에서 소녀들은 다음과 같이 작성했다.

1. 자주 혼자서 너와 함께 있기를 원하는 사람
2. 언제나 너와 함께 비밀을 가지기를 원하는 사람

3. 매우 적절해 보이지 않는 '성적인' 것들을 항상 말하는 사람
4. 매우 비싸고 개인적이며 다른 사람들에게 주는 것보다 더 비싸 보이는 선물들과 물건들을 언제나 너에게 주기를 원하는 사람
5. 너에게 변명을 하면서 신체 접촉을 하려하거나 부적절한 느낌을 줄 정도로 가까워지려 하는 사람
6. 네가 옷을 입는 중이거나 욕실에 있을 때, 근처에서 어슬렁거리고 있거나 너의 옷, 위생 상태 등에 지나치게 관심이 있어 보이는 사람
7. 술을 마시면서 이야기할 때 다르게 행동하고 너를 불편하게 하는 말을 하는 사람
8. 수영복, 잠옷을 입고 있는 너를 사진 찍고 싶어 하거나 너에게 특이한 자세를 취하게 하는 사람
9. 성적인 잡지들, 사진들 또는 TV 쇼들에 대해 토론하고 싶어 하는 사람
10. '성인이 되는 것과 남자를 아는 것' 에 대해 토론하고 싶어 하거나 또는 성과 결혼하는 것에 대해 너에게 가르쳐 주고 싶어 하는 사람(정규적인 학습시간 외에 이런 경험을 제공하려고 하는 경우)

여러 집단치료에서 많은 소녀들은 자신의 어머니와 성적인 접촉을 할 기회가 적은 아버지 또는 아버지 같은 인물들과 있었을 때 특히 불편했다고 덧붙였다. 어머니가 병들거나 입원 중일 때, 오랫동안 집에서 멀리 있거나 남편과 다른 시간에 일하고 있을 때, 이러한

남자들은 성적 만족을 위해 집 안의 어린 소녀에게 더욱더 쉽게 이끌릴지 모른다고 느꼈다. 결과적으로 어머니가 자신들과 아버지 또는 아버지 대리인과 같이 있지 않았던 상황에서 성적인 접촉 상황으로부터 훨씬 덜 보호되었다고 느꼈다.

의심스러운 상황들을 다루는 방법 집단 토론과 학습 후에 역할극이 다음의 대안 행동들을 훈련하기 위해 사용된다.

1. 특히, 이전에 설명했던 상황에서 학대자가 될 가능성이 있는 사람과 함께 있는 것을 피하는 방법들을 찾는 것, 다른 사람들 주위에 소녀들을 지킬 수 있는 행동들을 계획하는 것, 그리고 소녀들이 혼자 남아 있는 것을 불편하게 느꼈다고 어머니에게 알리는 것을 훈련하였다.
2. 다양한 상황들 속에서 단호하게 "싫어…… 그것은 나를 불편하게 만들어. 나는 그것을 좋아하지 않아!" 라고 말하는 역할극과 시연을 하였다.
3. 잠재적인 학대자가 반응하지 않는다면 그 행동을 다루는 강화된 방법들을 훈련하는데 이는 다음을 포함한다. (a) 각 소녀에게 그 상황에 대해 이야기할 사람들의 목록을 만들게 한다. (b) 전화로 말할 정보를 작성하는 것을 포함하여 사회봉사기관과 119에 전화하는 것을 훈련한다. (c) 계속 접근하는 사람을 때리고 밀치고 도망치며 신속한 보호가 필요할 경우 신속한 도움을 위해 달아날 장소를 결정한다.

성적 학대의 원인들을 이해하는 것 집단구성원들은 누군가의 성적 학대자가 되는 것의 이유에 대해 자신들의 생각을 작성하도록 요청받는다. 집단치료의 초기 단계에서 많은 구성원들은 학대자의 행동을 촉진시켰을지도 모르는 자신의 행동 또는 외모에 대해 잘못된 관념과 공포를 갖고 있는 경향이 있다. 소녀들이 완전히 파악하고 이해하는 데 가장 어렵게 보이는 부분과 질문은 다음과 같다. 많은 면에서 좋게 보이는 사람이 어떻게 성적 학대자가 될 수 있으며, 어떻게 자신이 좋아하고 정상적으로 대했던 동일한 사람을 해칠 수 있었을까? 모든 면에서 정상적으로 보이는 사람이 어떻게 그런 비정상적으로 생각되는 짓을 할 수 있었을까? 어떻게 다른 사람에게 자신의 비정상적인 행동을 그렇게 완벽하게 감출 수 있었을까?

이러한 자료를 소개하기 위하여 몇몇 교류분석 자료들이 사용된다. 인격이 어떻게 아이, 성인 그리고 부모 부분들로 나누어지는지, 그리고 우리가 일상생활에서 계획하고 제어하는 행동들과 감정들의 '테이프'*와 거의 비슷하게 이러한 부분들이 어떻게 우리 안에 저장되는지 설명하는 도표를 집단구성원에게 보여 준다. 집단치료 지도자들은 "우리들은 모두 상황에 따라, 얼마나 강하게 또 얼마나 자주 그 테이프가 전 인격을 제어하느냐에 따라 움직인다."라고 설명한다. 소녀들은 이러한 설명에서 결함이 있는 아이 또는 부모의 '비디오테이프'가 성인의 정상적인 성적 기능을 방해할 만

* 역주: 인격은 각자 살아온 경험과 삶에 따라 그 사람에게 입력되어 있는 행동과 감정으로 구성된다.

한 문제들에 이르게 할 수 있다는 개념과 관련시킬 수 있다. 그 다음에 지도자들은 성 학대자가 될 수 있는 내용을 다음과 같이 설명한다. 어린 시절 경험에서 학대자 자신이 성적 학대의 희생자였을 수 있다. 학대자가 어린 시절의 환경적인 영향으로 초기의 성 경험이 허용되고 촉진되었을 경우 또는 자신의 어린 시절 적절치 않은 시기에 경험했던 성적 경험들과 성적 만족을 경험했을 경우에, 이러한 이른 성적 경험들은 성적인 생각과 실행의 기준에서 벗어난 양상들을 발달시킨다.

지도자들은 소녀들에게 이러한 성적 학대 원인의 내용을 포함하여 성적인 행동에서 결함이 있는 기능과 관련될 수 있는 경험에 대한 목록을 만들도록 한다.

결핍된 자아 개념과 관련된 성인의 성적 표현 실패의 두려움이 아이의 성적 학대에서 또 다른 가능한 요인으로 토론된다. 특히, 물질 남용과 결합했을 때의 효과적인 충동 제어의 결여 역시 다른 요인으로 언급된다. 마지막으로 양심 없는 사람은 다른 사람의 감정 또는 요구에 대해 배려하지 않으며 자신의 즉각적인 만족에만 관심을 가지는 단순하고도 반사회적인 성향을 띠는 것으로 고려된다.

각 소녀들은 어떠한 주제들이 자신의 학대 경험과 관계가 있어 보이는지 확인하고, 어떤 요인들이 자신을 학대했던 사람의 행동 원인들을 설명하는 것 같은지 판단해 본다. 그 학대가 소녀의 도발하거나 유혹하는 행동보다는 오히려 학대자의 비정상적인 성적 행위에서 비롯되었다는 것을 이해하는 데 중점을 둔다. 성적 학대의 원인들을 이해하지만 학대자들이 저지른 결과에 대해서는 변명의 여지가 없다고 지도자들은 말한다. 소녀들은 교육을 통하여 성적 학대가 정당화될 수 없음을 배운다. 학대자가 치료와 다른 프로그램들을 통해 그들의 행동에 대해 도움을 구하지 않는다면 다른 아이들을 보호하기 위하여 사회에서 격리되어야 할 것이다.

학대받은 소녀들이 죄책감을 형성하기 쉬운 어떤 잘못된 관념들(예: 자신이 학대자를 유혹했다는 것, 자신이 착한 소녀였다면 학대 대상으로 선택되지 않았을 것이라는 것 등)을 다루고, 학대를 통한 어떤 쾌감에 대한 혼란스러운 점이 언급된다. 소녀들은 "성적 학대로 신체적 부분에 어떤 쾌감을 느꼈을지도 모른다. 이것은 자연적인 것이고 그 점에 대해 죄의식을 느끼지 않아야 한다. 그러나 이러한 좋은 느낌이 학대받은 아이들이 학대과정과 후에 다루어야 하는 분노, 혼란스러운 감정을 보상하는 것은 아니다. 그 이유는 성인이 아이에게 이러한 성적인 행동을 하는 것은 나쁜 것이기 때문이다."라고 듣는다.

학대에 대한 분노를 다루는 것 소녀들은 집단치료에 참여하기 전에 학대에 대한 분노 감정들을 다루었던 방법들을 작성하고 그것이 얼마나 효과가 있었는지를 결정하도록 요청받는다. 대부분의 소녀들은 혼자서 울거나, 어머니와 다른 사람들에게 폭발하거나, 방에 있는 물건들을 부수는 등의 행동들을 기록한다.

'긴장완화 훈련들' '사고 중지 기술들' 그리고 '구호와 응원' 등이 성난 감정들을 다루는 대안 방법들로 토론된다. 분노를 줄이는 더욱 적극적인 단계들로 이끌기 위하여 세 가지 훈련 방법이 소개된다. 첫 번째 훈련에서 소녀들은 자신들이 표현하고자 하는 질문과 감정의 목록으로 학대자와 대립하는 상황을 다룬 역할극을 한다. 지도자들은 심리극과 유사한 '또 다른 자아' 기능을 수행한다. 역할 연기자 뒤에 서서 가능한 한 많은 감정들과 쟁점들을 언어로 표현하도록 상기시키고 격려한다.

두 번째 훈련에서 집단구성원들은 학대자에게 자신의 감정들, 반응들 그리고 질문들을 언어로 표현하는 편지를 쓰도록 요청받는다. 집단구성원들은 학대자가 그 학대에 대한 자신의 행동과 동기들을 이해할 수도 있고 이해하지 못할 수도 있다고 상기받는다. 소녀들은 학대자가 피해자의 어려움에 반응하는 민감성이나 이해력이 없다는 것을 이해하기 위해 도움을 받는다. 그리하여 학대자가 큰 고통을 일으켰다는 것을 알도록 한다.

세 번째 훈련은 각 구성원들이 다음과 같이 상상하는 것으로 구성된다. "너는 직업을 가진 20세에, 남편이 있고, 완전히 독립했으며, 자신의 인생을 사는 방법에 대하여 좋은 느낌을 갖고 있다. 너는 예전의 가정으로 돌아가서 전 학대 가해자를 만나는 것을 가정하라. 그에게 너의 현재 생활에 대해, 네가 어떻게 학대를 극복했으며 얼마나 잘하고 있는지에 대해 말하라. 그때 아이였던 너에게 그가 일으켰던 시련과 고통을 말하라. 그리고는 성공하고 행복한 성인으로서의 너의 입장에서 네가 원하는 것을 그에게 말하라."

종결 및 사후관리

회기 마지막에 '종결 파티'가 계획되며 각 소녀들은 '전진하며 더욱 강해지는' 집단치료로부터 종결을 알리는 정교한 증명서를 받는다. 집단 회기 후 각 소녀는 집단 안에서 다루어진 자료에 대해 상기시킬 사람들, 그리고 그녀가 새롭게 드러난 걱정이나 문제들을 가질 경우 연락할 수 있는 치료사들과 사회복지사의 전화번호들을 수록하고 있는 월간 신문을 석 달 동안 받는다.

어떤 소녀들의 집단에서는 종결의 한 부분으로서 집단구성원을 소개하는 데 쓰이게 될 비디오테이프 또는 오디오테이프를 만드는 것을 선택했다. 테이프에는 집단에 입회하기 전에 성적 학대에 대해 그들이 가졌던 잘못된 생각들을 기록하거나, 집단에 대해 공감했던 어떤 특이한 것들을 기록한다. 또한 집단치료에서 자신들이 도움받았다고 느꼈던 기억나는 방법들과 집단 활동 중에 더 많이 얻을 수 있는 방법 등에 대해 새로운 구성원에게 어떤 특별한 제안을 한다.

요 약

성적으로 학대받은 어린 소녀들을 위하여 특화된 단기 집단치료에서 집단 상호작용은 역할극과 다른 구조화된 실습들과 더불어

'전진하여 더욱 강해지는 게임' '좋지 않을까요?' 라는 소책자 등 많은 자료들을 통해 구조화된다. 이러한 기술의 사용은 토론되기 어려운 성적인 화제와 연관된 불안을 낮추는 것으로 나타난다. 자료들은 또한 학대에 대한 반응의 숙련을 위해 필요할 수 있는 개념들의 시연과 반복을 허락한다. 구조화된 자료들은 또한 집단에서 어머니들을 위해 불안을 낮추는 것으로 나타나고, 성적 학대에 대한 그들의 잘못된 관념들과 오해들을 변경시키는 데 도움이 되는 귀중한 정보를 제공한다. 요약하면, 청소년의 구조화된 집단치료는 어머니와 딸들이 학대에 대한 어려움과 감정을 마스터하기 위한 안전하고 지지받는 기회를 제공하는 것으로 보인다.

참고문헌

Anthony, E. J. (1987). *The Invulnerable Child.* New York: Gullford.

Berliner, L., & Ernst, E. (1984). Group work with preadolescent sexual assault victims. In I. Stuart, & J. Greer (Eds.), *Victims of Sexual Aggression* (pp. 105-123). Nwe York: Van Nostrand Reinhold.

Burgess, A., Groth, N., Holmstrom, L., & Sgroi, S. (Eds.) (1978). *Sexual Assault of Children and Adolescents.* Lexington, MA: Heath.

Corder, B. F., DeBoer, P., & Haizlip, T. (1990). A structured, time limited therapy group for sexually abused preadolescent girls. *Child Abuse and Neglect, 36,* 243-252.

Corder, B. F., & Haizlip, T. (1989). The role of mastery experiences in therapeutic interventions for children dealing with acute trauma:

Some implications for treatment of sexual abuse. *Psychiatric Forum*, 15, 57-63.

Pynoos, R., & Spencer, E. (1998). Witness to violence: The child interview. In S. Chess, A. Thomas, & M. Hertzig (Eds.), *Annual Progress in Child Psychiatry and Child Development* (pp. 299–325). New York: Brunner/Mazel.

Rutter, M. (1978). Early sources of security and competence. In J. Bruner, & A. Gaston (Eds.), *Human Growth and Development* (pp. 153-188). Oxford: Clarendon Press.

Terr. L. (1981). Psychic trauma in children: Observations following the Chowchilla school bus kidnapping. *American Journal of Psychiatry, 138,* 14-19.

역자 후기

치료사의 선호도에 따라 다르겠지만, 평가가 아닌 치료를 위하여 시행되는 예술치료는 주로 비지시적 · 비구조적으로 실시되는 경향이 있다. 그러나 특정 청소년 대상에 한해서 구조화해야 한다는 것은 상식적인 일이 되었다. 이러한 차원에서 구체적인 대안이 필요하다고 생각하고 자료를 찾다가 몇 년 전 버클리 대학가의 서점에서 발견하게 된 것이 이 소책자다.

그동안 집단(예술)치료를 가르치면서 세미나 자료 중의 하나로 사용하다가 관련 학도들에게 참고가 되지 않을까 하여 출간하게 되었다. 백경희 조교와 박나현 조교의 도움이 없었다면 가능하지 않았을 것이다. 감사드린다.

또한 출간을 주선해 주신 학지사 김진환 사장님과 편집을 담당해 주신 이지혜 님에게도 감사드린다.

역자 김진숙

찾아보기

저 · 역자 소개

• 저자 Billie Farmer Corder

Billie Farmer Corder 박사는 American College의 범죄심리학 연구소 연구원이자 공인 임상심리학자다. North Carolina 의과대학 임상부교수와 Dix 병원의 소아정신과 훈련 프로그램의 공동소장을 역임했다.

30여 년 동안 아동과 가족들을 치료해 오면서 100여 편이 넘는 논문과 저서를 출간했고, 그녀가 개발한 청소년들을 위한 사회성 기술개발 프로그램은 1981년에 미국정신과의사협회에서 주는 금상을 받기도 했다. 지난 18년 동안 *North Carolina Journal of Mental Health*의 편집자를 역임하면서 적십자사와 연계하여 자연재해를 치유적으로 대처하는 방법들을 개발하기도 했다. 이 책은 그녀의 작업이 Wake Academy of Women에서 수여하는 North Carolina Eugene Hargrove 연구상 물망에 오르면서 편찬된 것이다.

• 역자 김진숙

김진숙은 미국공인 미술치료사로서 다양한 임상 대상들과 일을 해 오다가 현재 명지대학교 특수대학원 예술치료학과 전임교수로 재직하고 있다. 뉴욕 프랫예술대학원과 뉴욕대학원에서 예술심리치료 석, 박사 학위를 취득했고, 국내에서 예술치료 관련 교육 및 치유 사업을 해 오고 있다.

명지대학교 예술심리치료연구센터의 소장으로서 정부부처 지원으로 다양한 소외계층들을 위한 예술치유 사업을 하고 있으며, 감호소 수감자들을 위한 프로그램, 군부대 등 특수 대상을 중심으로 집단치료를 시행하기도 했다. 예술치료 관련 저서 및 논문, 번역서가 있다.

청소년 집단치료-구조화된 기법중심으로
Structured Adolescent Psychotherapy Groups

2007년 5월 7일 1판 1쇄 인쇄
2007년 5월 10일 1판 1쇄 발행

지은이 • Billie Farmer Corder
옮긴이 • 김진숙
펴낸이 • 김진환
펴낸곳 • 학지사
121-837 서울특별시 마포구 서교동 352-29 마인드월드빌딩 5층
대표전화 • 02)326-1500 / 팩스 02)324-2345
홈페이지 • http://www.hakjisa.co.kr
등 록 • 1992년 2월 19일 제2-1329호

ISBN 978-89-5891-468-6 93180

정가 10,000원

잘못 만들어진 책은 구입처에서 교환하여 드립니다.